沟通心理学

刘艳华 ◎ 著

天津出版传媒集团

天津科学技术出版社

图书在版编目（CIP）数据

沟通心理学 / 刘艳华著. -- 天津 : 天津科学技术出版社，2017.2（2017.9重印）
 ISBN 978-7-5576-2025-7

Ⅰ．①沟… Ⅱ．①刘… Ⅲ．①人际关系学－社会心理学 Ⅳ．①C912.1

中国版本图书馆CIP数据核字(2016)第297156号

责任编辑：方　艳

天津出版传媒集团

天津科学技术出版社出版

出版人：蔡　颢
天津市西康路35号　　邮编：300051
电话（022）23332695（编辑部）
网址：www.tjkjcbs.com.cn
新华书店经销
北京天宇万达印刷有限公司印刷

开本710×1000　1/16　印张14.5　字数199 000
2017年9月第1版第3次印刷
定价：35.00元

序

　　世界上没有两片完全相同的树叶，也没有两个完全相同的人。即使是看起来长得一模一样的同卵双胞胎，也往往性格各异、志趣不同，更何况是原本陌生的人呢。然而，人又是群居动物，每个人的生存和发展都离不开群体的存在。每个人除了有个体的本性之外，无一例外地都还有社会性，因为每个人都是社会的一员。这就注定了人际关系是社会生活的重中之重。现代社会飞速发展，更是要求人们在职场上彼此协作，在生活上守望相助。

　　曾经有人统计过，在职场上频繁辞职的人中，绝大部分都是因为人际关系处理不当。这个结果显然令人惊讶。工作能力和专业素养不才是职场上最重要的资本吗？很遗憾地告诉大家，答案是否定的。在智商和情商之中，情商显然更大程度地影响人们的生活，左右人们的工作，甚至决定人们的命运。由此可见，以高情商的姿态出现在众人面前，给自己建立良好的人际关系，才是行走职场、畅意生活的法宝。

　　当然，与人交流并非只是简单地说话。所谓沟通，不但要说话，更要达到说话的目的。很多人都觉得要想处理好人际关系、受人欢迎，就必须处处逢迎、掌握人际交往的诸多技巧。无疑，这些都是不可或缺的。但更重要的一点是，要想把话说到别人心里去，要想让自己的话一针见血、直指人心，我们首先应该了解人们的心理，以心理学常识为基础，进一步掌握沟通的技巧。

　　现代社会的发展速度越来越快，人心也变得越加浮躁和复杂。行走于社会，我们无法保证遇到的每个人都是我们喜欢的、欣赏的。那么，当遇到我们厌恶的人时，难道要绕道而行吗？显然是行不通的。但如果我们了解心理学，结果就会不同了，因为我们可以通过观察对方的言谈举止更快地了解对方，进而洞悉对方的心理，使自己在人际交往中占据主动地位，成功征服对方，或者至少使自己与对方的沟通更加和谐。由此可见，卓有成效的沟通，必须建立在对他人理解、尊重的基础上。

对于心理学，很多人将它想象得玄而又玄，甚至以为只要学了心理学，就能看透他人的心思。实际上，心理学并没有如此神奇的作用。但是，心理学的确能够帮助我们更好地了解他人的心理，从而为与他人更好地沟通打下基础。对于这样一门不够玄奥的学科，聪明人依然能够认识到它的重要作用。当然，任何学科都不可能脱离实际，心理学也是如此。很多心理学的理论知识，唯有学以致用，才能发扬光大。这一切都需要我们灵活掌握与变通处理。

为了能够在社交场合游刃有余，为了能够成为受欢迎的社交明星，从现在开始，就深入了解心理学吧！当你拥有自成体系的沟通心理学时，你就会发现自己受益匪浅，也会更加信任和重视这门社交场上的新学科！

目录

第一章 沟通前先心理热身,没有谈不成的事、聊不来的人

002　同理心:感情的共鸣是沟通的润滑剂
004　从众心理:从众,让人不假思索地认同你
006　折中心理:一切能否如你预期的那般
008　猎奇心理:与其求着听,不如晾着说
010　虚荣心理:满足虚荣心,沟通更顺畅
012　优越心理:让人们不再斤斤计较的秘诀
015　互惠心理:一举两得,何乐而不为
017　权威心理:专家让人站一队,权威更有说服力

020　人际交往的基础,尊重心态不能少
022　良好沟通的前提,微笑以对很重要
025　适时倾听姿态好,然后发声效果妙
027　浮躁心态不可取,耐心更能动人心
029　良言一句三冬暖,恶语伤人六月寒
031　营造良好的氛围,交谈才能获双赢
033　察言观色再发声,有效沟通巧促成
035　话题找对是关键,让沟通事半功倍

第二章 顺畅沟通,牢记八大基本原则

第三章 读懂肢体语言，让对方传递出的信号为自己所用

- 038 读懂眼神，才能探查人心
- 041 适时点头，表达关注与欣赏
- 043 频频点头，也许意味着厌烦和催促
- 045 水杯摆放，位置丈量心理距离
- 047 座位变动，助你不动声色施压于人
- 049 脚尖指向，窥探他人心理秘密
- 051 频繁看表，暗示应该结束谈话

第四章 攻心有术，用正确的钥匙打开心门上的锁

- 054 运用正确的称谓，拉近彼此的距离
- 056 与其说自己想说的，莫若说他人想听的
- 058 分享个人小秘密，消除陌生距离感
- 060 调整好宽容心态，体谅他人心理情绪
- 063 站在他人的角度想，换位思考体谅他人
- 066 正面争执最无效，迂回沟通是正道
- 068 抓住兴趣切入点，有效沟通并不难
- 071 好汉也提当年勇，你要学会搭梯子
- 074 表达主见有技巧，谈笑风生见真章

078	知己又知彼，才能一招制胜
081	啰唆和唠叨，让事情更加南辕北辙
084	真正的说服，并不仅依靠口舌争锋
086	先表达认同，建议更容易被接受
089	情况各异时，见风使舵也无妨
092	适时的退让，才能让你反败为胜
095	无计可施时，不如危言耸听
097	当利益一致，说服自然水到渠成

第五章　移情换位，与咄咄逼人的客户也能谈下去

100	学会示弱，有时更能得偿所愿
103	消除不满，低调谦卑效果好
105	假泄私密，洞察他人真心真意
107	弱势姿态，更能寻得他人相助
109	遇事多商量，不当独裁者
111	不要想当然，真诚是首要
113	眼泪当武器，钢筋绕指柔
115	温柔动人心，拒绝硬碰硬

第六章　柔软对话，优雅而高效地实现目的

第七章 添加幽默，发掘你体内潜藏的润滑才能

118　故意曲解，避开他人语言陷阱
120　敢于自嘲，巧妙化解尴尬处境
122　适度玩笑，不可伤害朋友面子
125　临危不乱，幽默语言轻松救场
127　正解幽默，因地制宜注意场合
129　调动气氛，玩笑开场活跃氛围

第八章 懂点儿心理博弈，让你不动声色地反客为主

132　真诚赞美，使人欣然接受你的请求
134　巧用激将法，逆反心理实用有效
136　以大博小，大要求换回小帮助
139　背后赞美，交际效果事半功倍
141　推销自己，积极展示自身价值
143　坦承困难，启动他人恻隐之心
145　主动施惠，可能收获涌泉相报
148　软磨硬泡，曲线撼动难解僵局

第九章 委婉拒绝,让人有尊严地收回不情之请

152　贬低自己,对方自会收回不情之请
154　巧用暗示,委婉拒绝保全双方颜面
157　拒绝他人,一定要搭好台阶给人下
159　无声回应,有时沉默是最好的拒绝
161　截话之术,在对方请求前先发制人
163　迂回引导,争取掌握话题的主动权
165　提前预判,巧妙把麻烦挡在门外

第十章 良药不苦口,给批评乔装打扮一番

168　雅量容忍,体面退让
171　委婉批评,保全颜面
174　说在明处,意在暗处
176　欲抑先扬,方式得当
179　自我批评,再及他人
182　幽默批评,增进感情

第十一章 说得刚好,出色陈述才能开启职场晋升之路

- 186 上司频繁点头,并不意味肯定赞许
- 188 主动毛遂自荐,也许更能得到领导赏识
- 190 小心应对上司,从细枝末节中抓捕信息
- 192 控制交往距离,与同事过于亲密惹祸患
- 195 职场中忌隐私,不要轻易加入"小团体"
- 198 重视工作汇报,让领导对你刮目相看
- 201 捕捉弦外之音,才能领会领导真心

第十二章 学点儿救场技术,社交场合才能聊得开

- 204 帮他人打圆场,不费力气送人情
- 207 面对他人挑衅,机智应对显淡然
- 209 当遇到质疑时,找准时机再解释
- 211 善用逆向思维,棘手问题巧解决
- 213 面对尴尬沉默,找准话题破僵局
- 215 安慰话掩伤疤,带给病人正能量
- 217 勇敢承认错误,给彼此更多理解

第一章

沟通前先心理热身，没有谈不成的事、聊不来的人

要想和别人更好地相处，你首先要做个"会说话的人"。当你端坐在角落里想要与人搭讪却又羞于启齿时，你是否会暗暗懊恼？当你混迹于人群之中想要发声却又终于沉寂之时，你是否也会心生不甘？当你在社交场上看到那些谈笑风生、高谈阔论的人时，你是否也会心生艳羡？

学习沟通心理学，让你掌握沟通语言的技巧，接触并学习更多新鲜的、有趣的、有用的沟通心理，打破思维局限，成为会说话、受欢迎的人！

同理心：感情的共鸣是沟通的润滑剂

最近，张晴和老公史强一直在冷战，谁也不理谁。原来，史强前段时间休息的时候带孩子去游乐场玩，一不留神，孩子摔下台阶，摔破了脑袋，不但流了很多血，还去医院缝了好几针。她当时赶到医院，看到孩子的伤口，就忍不住地流下泪来。看着孩子原本光滑的额头留下了缝合的印记，张晴无论如何都不能原谅老公。难怪，因为史强经常需要出差，所以孩子几乎是张晴一手带大的，连个替换手的人都没有。为此，张晴根本无法控制自己的情绪，歇斯底里地冲史强喊道："你是怎么看孩子的？你也配当爸爸吗？"张晴的话像一把尖刀，刺入史强的心里。他意识到自己对这个家的贡献太少了，也意识到张晴心中对他的抱怨。幸好，孩子年纪小，伤口愈合能力强，很快就长好了，但是张晴和史强之间的感情裂痕，却始终没有复原。

每当看到孩子额头上的伤疤，张晴就想起史强的失职。史强呢，每当看到孩子额头上的伤疤，就会想起张晴在情绪失控时对他的歇斯底里。如此心灰意冷地度过短暂的假期，史强又要去外地了。临行前，他一本正经地对张晴说："老婆，我想了想，也不挣这驻外的补助和高工资了。我觉得我还是申请调回来吧，这样也能帮你分担一些。你一个人，的确是太累了。"听了史强的话，张晴的眼泪又忍不住掉下来，她懊悔地说："老公，你也为这个家付出了很多。我那天情绪太激动了。要不是你这些年孤身在外，我和孩子不可能住上大房子，也不可能有这么好的生活条件……"话说到这里，张晴和史强全都动了感情，想起结婚以来的点点滴滴，他们都不胜感慨。最终，夫妻俩一致决定让史强调回来，抽出更多的时间来陪伴孩子。

原本的冷战，在史强的自我反思和积极改善中，画上了句号。史强知道，虽然自己为家庭的物质生活做出了贡献，但是实际上妻子这几年来一边工作一边操持家务，还要照顾孩子，付出得更多。为此，史强理智地进行思考，想出了合理的解决方案。史强的自我反思，也让张晴调整思路，改变态度，不再抱怨史强，而是想起了史强这几年来为了家庭在外奔波，身边连个照顾的人都没有，实际上也是非常孤独、寂寞的。就这样，夫妻俩对家庭生活的艰辛和幸福的感悟，让他们产生了同理心，不约而同地理解和认可了对方，从而使冷战结束，全家都恢复到最初幸福、快乐的状态。

所谓同理心，就是能够设身处地为他人着想的态度和思路。我对同理心的理解有三种：一是尝试采用另一个人的观点，将自己的意见放在一边，同时试着去了解对方；二是贴近地去体验别人的感受；三是真诚地关心对方的福祉。

利用同理心，我们能使沟通更顺畅。影响沟通的重要因素包括心理、情绪、态度和感受。对待沟通，有句话很重要：先处理心情，再处理事情。所以，沟通高手能够把自身的情绪、感受处理得非常好，从而拥有良好的心理态度，掌握必要的沟通技巧。通常来讲，能够建立同理心就能够实现有效沟通、表达，并能够很好地倾听，从而创建良好的沟通情境。

不管是和亲人、朋友，还是和同事、客户，如果我们经常使用同理心与对方进行沟通，就会让交流变得更加和谐、融洽，也会避免很多不必要的争吵，不再让自己与他人之间因为误解或者缺乏谅解而形同陌路。当我们真正地做到从他人的角度出发考虑问题时，我们就会轻松地理解他人、宽容他人。总之，要想营造良好的相处氛围，我们就要拥有一颗同理心。

从众心理：从众，让人不假思索地认同你

作为一名推销员，亚克力的推销成绩在公司始终名列前茅。相比之下，和亚克力一起进入公司的肖满森则总是业绩平平，甚至面临被淘汰的危险。为了能像亚克力一样出色，肖满森决定跟随亚克力一段时间，当他的徒弟，从而有效地提升自己，让自己能够留在公司。

一天，亚克力带着肖满森一起去一幢写字楼拜访陌生客户。和肖满森每次一进写字楼就逐层推销不同，亚克力首先在一楼大厅的展板处了解了这幢写字楼里的所有商户，并且对他们的实力和经营状况进行了一番调查。最终，亚克力发现其中有两家公司是规模比较大且经营状况良好的。做完这些工作之后，亚克力才开始逐层推销。在遭到几次拒绝之后，亚克力好不容易找到一家公司对他们的打印机感兴趣，便赶紧介绍起来。最后，他装作不经意地说："在你们十五楼的安家伟业，就是用我们的打印机。他们公司是做二手房业务的，每天都需要打印大量的文件和宣传资料。但是他们慧眼识珠，从众多品牌中选择了我们的打印机，如此一来，不仅质量有了保证，还可以享受我们公司提供的定期加墨服务，简直太省心了。还有，你们十八楼的一家影楼，你知道，他们在业内还是很有名气的，收费也很高，听说给孩子拍个满月照都需要几千元呢！他们用的也是我们公司的彩色打印机，因为我们的打印机最符合

他们的要求。如果你们也选择我们的打印机，我可以给你们走老客户介绍的优惠，毕竟你们都在一幢写字楼里啊！"在亚克力无意间透露了这个信息后，在一旁观摩的肖满森发现客户的态度发生了明显的改变。原来，亚克力所说的这两家公司都是这幢写字楼里实力很强的，因而，客户出于从众心理，在经过一番思考之后，也决定购买他们的打印机，似乎是为了沾点儿好彩头吧！

所谓从众心理，指的是人们在受到其他人或者其他人群的行为影响之后，不由自主地改变自己的心理状态，最终做出符合大众要求的选择。很多情况下，人们完全是在不知不觉之中受到从众心理的影响。在日常生活中，我们称这种现象为"随大流"。亚克力正是利用客户的从众心理，巧妙地利用写字楼里实力强的公司作为榜样起到带头作用，从而使其他小公司产生从众心理，潜移默化地说服客户也选择购买亚克力公司的打印机。

高明的说服者已经开始利用从众心理来影响人们的行为了。广告商向我们推销产品时，最喜欢告诉我们某种商品最畅销，如此一来，他们就相当于直接劝我们相信商品的品质，因为"畅销"就足以证明商品的质量，他们洞悉我们的从众心理：既然大家都买，那么想必应该不错。

从众心理在日常生活中非常常见。细心的人会发现，在过马路的时候，如果大家都在红灯的时候耐心地等待，就不会有人闯红灯过马路。相反，如果恰巧在大家都耐心等待的时候突然有个人带头闯红灯过马路，马上就会有很多人跃跃欲试，甚至跟随其后。如此一来，等红灯的大多数人就会因为大家都这么做，也跟着一起闯红灯过马路。

然而，大家都做的事情就一定是对的吗？人们总是怀着侥幸心理，觉得法不责众，因而丝毫不担心会为此受到责罚。当然，这是从众心理在生活中的负面作用。很多情况下，我们可以通过深入了解和灵活运用从众心理，达成自己的目标，最终得到自己想要的结果。总而言之，任何事情都是有正反两方面作用的，我们不管什么时候都应该保持理智的思考，从而做出最正确的选择。

折中心理：一切能否如你预期的那般

作为一名大学生，琳娜每个月只能从父母那里得到固定金额的生活费。在大一、大二期间，琳娜的生活费维持日常开销还是很宽裕的，但是到了大三，眼看着班级里的女生们都开始有意识地打扮自己，琳娜的自我意识也开始觉醒，她甚至觉得自己身材窈窕，是班级里最漂亮和最有气质的女孩。然而，好马配好鞍，再漂亮的女孩也需要时装的装饰。为此，琳达开始四处逛街，想要为自己选购一条漂亮的连衣裙。接连转了几条街，在看到一条心动的连衣裙之后，她决定开始砍价。

她笑着问老板："老板，这条连衣裙多少钱？"其实，连衣裙的价签上清清楚楚地标着价钱呢，但是琳娜要以此为切入点和老板砍价。果然，老板不假思索地说："680元。"琳娜继续笑着说："老板，这也太贵了。你看，我就是个学生妹，从父母给的饭钱里省下钱，这才来买裙子的。你能不能优惠些呢？"话说到这里，琳娜其实已经心中有数了，她想花500元买下这条连衣裙。老板想了想，说："顶多给你打个九折。"琳娜为难极了，说："老板，我哪儿来的那么多钱啊！但是我的确喜欢这条裙子，这样吧，我出420元，你就卖给我吧，好不好？"老板惊呼道："小妹妹，可没有你这么砍价的哟！九折，我也是给你的学生价。平时，都是最低九五折的。"琳娜依然没有放弃，继续软磨硬泡，说："老板，也别一口价啊！你看，我真的是喜欢这条裙子。你看这样行不行，我再往上加一点儿，你再往下降一点儿，我出480元。"老板有些心动了，说："真的太低了，我从没卖过这个价钱呢！你真心想要，560元拿走吧！"琳娜可怜兮兮地说："老板，你总该给我留点儿钱吃饭吧！要知道，到我下个月向爸妈要生活费，还有20天呢，你不想我饿死吧。"老板无奈地笑了，说："你这个小妹妹真是厉害，太能砍价了。"琳娜趁势说："就这样吧，500元我拿走，也不浪费你的宝贵时间了。你也给我留点儿饭钱，以后我还会再来光顾的。"就这样，琳娜顺利地以最初设想的500元买下了这条连衣裙。

为什么琳娜砍价的本领这么厉害呢？那是因为她深谙砍价的技巧。为了花500元买到这条裙子，她并没有直接提出500元这个价格，而是先出价420元。如此一来，老板的心理预期就被拉低。在老板当即拒绝之后，琳娜继续软磨硬泡，直到老板给的价格出现松动，答应以560元的价格卖给她。眼见时机成熟，琳娜才由480元再次加价到500元，看到琳娜加价了，老板也出于报偿心理和折中心理，对琳娜做出让步，最终以500元的价格成交。

所谓折中心理，其实就是一种让步心理。在这个事例中，琳娜正是利用了老板的折中心理，先是以420元的出价拉低老板的心理预期，接下来又不断地提高出价，让老板意识到自己的谈判有了进展，也收获颇丰，最终自己说服自己把衣服以500元的折中价格卖给琳娜。不得不说，琳娜之所以能顺利买到这条连衣裙，正是因为她巧妙地利用了折中心理，让老板一步一步地接近她的心理价位，也更加说服自己接受她给出的价格。

把握好这种心理，你就能够在沟通的时候让自己处于主动的位置，提前预判对方下一步的心理活动。无论是在生活中还是生意场上，大家都存在折中心理，这也是沟通中退让心理的表现。如果我们先知先觉，掌握好这种心理，就能控制自己的沟通情绪，影响或者引导他人的沟通情绪，使自己在这场语言的博弈之中处于有利位置。

猎奇心理：与其求着听，不如晾着说

作为一家广告公司的首席策划师，林丹的广告策划案总是不同凡响，让人一看，眼前为之一亮。前段时间，有家手机公司主动找上门来，"钦点"林丹为他们设计广告。原来，这家手机公司是外资企业，在国外知名度很高，如今刚刚打入中国市场，头炮想要一鸣惊人。然而，他们深谙，虽然他们推出的是新款机型，但是如果广告营销不到位，也很难取得良好的销售效果。为此，他们在策划初期就找到林丹，想让林丹给他们设计一个独出心裁的广告策划案。

在了解了这家公司距离新手机推出还有3个月时间之后，林丹做出了一个大胆而又疯狂的广告策划案。在林丹的计划下，这家公司投入巨资在电视台的黄金时间，接连播放广告。奇怪的是，他们的广告虽然在每晚的黄金时间一连播放三遍，但是却没有任何声音，只有一个手机的标志。这是一个椭圆形的图案，上面印着大写的字母A。这就是这家公司系列手机上的标志，林丹强烈建议这家公司按照她所说的，在两个半月的时间里接连播放这则"哑巴广告"，而且要严格保密。果不其然，在两个半月的时间里，观众们最初开始看广告时并不以为然，但是过了一段时间之后，人们开始相互打听这则广告是哪个公司的，到底有什么深意。因为该公司提前做好了严格的保密工作，所以人们的打听完全是徒劳的。在两个半月的无声广告到期时，人们几乎已经按捺不住好奇心,恨不得马上知道这则广告的用意。这时,林丹开始投放另一则广告,依然以之前的无声画面为开始,接下来就是人们使用手机的各种场景。至此,谜底揭开,人们知道了这则广告的真实用意。在这则真相大白的广告播出半个月后,这款手机开始全方位上市,销售业绩简直让人咋舌。对林丹的创意,手机公司简直佩服得五体投地。

上述案例的成功,还是抓住了人类本身猎奇心理的特性。抓住这一特性并结合好的创意,制造病毒式传播,让消费者为产品做了免费的营销。与其做一个广告视频,低声下气地让消费者转发、邀请好友,然后送好礼,用丰厚的礼品来吸引消费者,还不如抓住消费者的这种心理让他们主动地传播。

在这个案例中,林丹的广告策划案之所以达到了预期的效果,就是因为它充分抓住了人们的猎奇心理。所谓猎奇心理,通俗地说,就是好奇心。毋庸置疑,每个人生来就有好奇心。为了满足好奇心,人们总是想方设法地想要了解真相。当看了两个半月的无声广告之后,人们已经对那则广告上出现的标志产生了强烈且接近于无法抑制的好奇心。在这种情况下揭晓谜底,自然能够得到人们最大限度的关注。尤其是在半个月之后新款手机全面上市,很多人更是不惜花费重金,满足自己的好奇心和虚荣心。如此一来,这款手机的销售业绩怎么会不高呢?与很多广告不惜通过各种途径拓展渠道,求着观众朋友们观看相比,这则广告则是以淡然的态度,让人们趋之若鹜,恨不得马上就解开其中的谜团。正所谓,与其求着听,不如晾着说。如此与正常思维背道而驰的营销策略,反而获得了良好的效果。

当然,猎奇心理虽然是好奇心,但是依然与好奇心有着明显的差别:好奇心是天生的本能,猎奇心理却往往带有强迫的意味。当然,并非是他人强迫我们,而是我们在好奇心的驱使下强迫自己。由此可见,猎奇心理比好奇心更强烈、更难以控制。在生活中的很多时候,我们都可以利用他人的猎奇心理达到自己的目的,从而使自己如愿以偿。

虚荣心理：满足虚荣心，沟通更顺畅

作为一名汽车推销员，赵凯负责销售的虽然只是最普通的十万元左右的家庭用车，但是他依然非常勤奋、敬业。为此，他的销售业绩也是公司里最好的。不管什么顾客他都能搞定，因此，同事们私下里甚至开玩笑地称呼他"顾客杀手"。正因为赵凯总是能够把握顾客的心理，而且专业能力很强，所以每当其他同事遇到难缠的顾客时，他们都会主动地把顾客交给赵凯。

有段时间，几乎全店的同事都为一个叫玛丽的顾客发愁。原来，玛丽已经来看过很多次车了，跟很多销售员都打过交道。但是，她从来不买，而且总是说销售员不好，对销售员挑三拣四。渐渐地，没有同事愿意再带玛丽看车，为此，这个艰巨的任务就落到赵凯身上。一次，玛丽又来看车。她足足看了两个小时，依然磨磨蹭蹭地不肯走。不过，赵凯始终很有耐心地陪伴在她身边。当听到玛丽说想买一辆白色的SUV时，赵凯马上推荐新款车型给玛丽，并且告诉她这款车是现在卖得最好的。赵凯问："玛丽，你为什么想买白色的车呢？是因为你的性格就很单纯、友善吗？"玛丽听到赵凯的话后，显然愣住了，她知道自己已经惹很多销售员讨厌了，却没想到眼前的这个销售员能给予她这么高的评价。过了很久，她才说："我的姐姐有一辆白色的车，所以我也想拥有同样的一辆。不过，要是我的车型、性能能比她的车更好，我当然更高兴啦！"听到玛丽的话，赵凯意识到玛丽是一个虚荣心很强的人，因为她与自己的姐姐都在攀比。为此，赵凯趁热打铁，说："如果你的姐姐也是买的中级家用轿车，我想你的选择一定更加高明。你看看，你的衣着品位不俗，能入你眼的车，必然也气质不俗。最重要的是，我们这款车一经上市就经受住了市场的考验，做到了真正的热卖，供不应求。我想，假如你愿意等待一个星期，你就会拥有这样一款与众不同的白色SUV啦。"听了赵凯的话，玛丽喜笑颜开，当即交了订金，等着一周之后提车。

在这个事例中，玛丽无疑是个虚荣心很强的人。她既想用有限的钱买到一款最高性价比的车，还想要超过姐姐，因而才这么纠结。生活中，的确有很多人像玛丽一样，他们对自己缺乏自信，却总是想要与他人攀比，只有比得过他人时，才能够充满自信。因而，他们的虚荣心总是很强，但这也从某些方面表现出了他们的自卑和怯懦。在与这种虚荣心强的人打交道时，我们千万不要随意打击他们的自信心和虚荣心。即使明知道他们的虚荣心下掩藏着自卑，也不要揭穿他们，而应该顺应他们的心思，给予他们更多的赞美和鼓励。当你这么做的时候，你会发现他们其实并不像想象中那样难以相处。

我们在社会生活中难免会遇到形形色色的人。只有保持一颗淡定、平和、宽容的心，我们才能接纳他人，从而帮助自己打开他人心扉，与他人建立友好交往的平台。换一个角度来说，当你对他人吹毛求疵时，你必然给自己带来无尽的痛苦。既然虚荣心并非不可原谅的错误，那么我们为何不能顺应他人的心理，帮助他人收获更多的尊重、感动和爱呢？

每个人或多或少都有一点儿虚荣心，我们在人际交往中，可以抓住人们的这种心理，促成有效沟通，当然此时，动听的赞美是满足虚荣心的有效手段。"你真漂亮""您品位真好，这是我们店里销量最好的商品"，这样的软言细语任谁都会甘之如饴。我们通过满足别人的虚荣心使交流变得更愉快，从而达成自己的目的，这是高明的沟通之道。

优越心理：让人们不再斤斤计较的秘诀

在刚开始适应大学生活时，来自农村的雅娟觉得很难受。原来，她从小在农村生活，有很多生活习惯都与同宿舍的城市女孩们不同。为此，她不但受到排挤，还遭到了宿舍里的大姐大——家就在北京本地的余男的轻蔑。有一段时间，余男几乎从不正眼看雅娟。思来想去，雅娟想出了一个好办法。

一个周日，余男从家里回来的时候，宿舍里恰巧只有雅娟在。雅娟看到余男拎着大包小包，赶紧去帮忙。余男虽然不想接受，但是看到雅娟热情的样子，又不好意思拒绝。雅娟借此机会说："余男，你可真好，想回家就能回。我家在甘肃，那么远，而且车费也很贵，我只有过年的时候才能回家。"余男问："那你不想家吗？"雅娟眼圈红了，说："当然想啦。但是我家很穷，没有多余的钱买车票。要是你知道兼职的机会，你可以介绍给我，我不怕脏不怕累，什么活儿都能干。"听了雅娟的话，余男动了恻隐之心，说："哎，你也真是够困难的。"雅娟说："可不嘛。我家里兄弟姐妹多，我上学的钱全是父母挨家挨户凑来的，现在还不知道下个学期的学费在哪里呢！我准备暑假就去打工。我真羡慕你啊！你看，你是独生子女，家就在北京，只要愿意，每个晚上放学都能回趟家。我简直太羡慕了。"在雅娟面前，余男产生了切切实实的优越感。后来，她对雅娟的态度明显改变了。有的时候，宿舍里的姐妹们嫌弃雅娟吃的咸菜太臭，余男也总是打圆场："闻着臭，吃着香。大家都彼此宽容下吧。"有一次，雅娟不小心弄坏了余男的一本书，原以为余男一定会大发雷霆，不想余男却友善地说："没关系，不就是一本书吗，送给你了，你用透明胶粘粘，我再买新的。"看到余男对自己的态度一百八十度大转弯，雅娟高兴极了，她知道是自己的示弱起了作用。余男呢，自己具有显而易见的优势，当然不好意思与在贫困线上挣扎的雅娟斤斤计较啦。暑假到来之前，余男还特意留心给雅娟介绍了好几份兼职，雅娟对她感激不已。

原本，生长在大城市、衣食无忧的余男根本不把雅娟放在眼里，甚至对雅娟处处看不惯。然而，在感受到切实的优越感之后，余男突然间拔高了自己，意识到自己不应该与来自穷乡僻壤、生活贫困的雅娟斤斤计较。就这样，她开始怀着优越的心态帮助雅娟，就像是一种高高在上的施舍。对雅娟而言，能够与同宿舍的姐妹们和平相处是最重要的，她并不在乎余男的优越感带给她的压力和局促。

所谓优越心理，顾名思义，就是觉得自己比他人强大的心理，也表现在自己的各方面条件比他人好。在这种心理的影响下，人们往往自高自大，这会限制个人的发展。但是，优越心理也有积极的一面，那就是当一个人高高在上地对待另一个人时，他就会变得很宽容，不会斤斤计较。因而，当我们想要得到他人的宽容、理解和帮助时，不妨利用他人的优越心理使其产生高人一等的感觉，如此一来，他就会变得慷慨，再也不会小肚鸡肠了。

另一方面，成全别人的优越感，是良好沟通的有效手段。成全别人的优越感可以从以下两个方面着手。

一是降低姿态，谦虚处事。相信无论在何种情况下，每一个心理正常的人都不愿意别人趾高气扬、咄咄逼人地跟自己说话。无论社会地位高低，真正的沟通高手都会估计对方的自尊心需求，成全对方的虚荣心理。我们照顾到对方的感受，无疑会拉近彼此的心理距离，使沟通变得更加顺利。

二是赞美对方，和谐气氛。每个人都喜欢被赞美，都渴望被赞美，因为赞美总是使人产生一种高高在上的优越感，令人无限受用。大文豪萧伯纳曾说："每次有人吹捧我，我都头疼，因为他们捧得不够。"可见赞美多么重要，多么招人喜爱。"人类本性上最深的企图之一就是期望被赞美、被钦佩、被尊重。"因此，满足对方对赞美的需求吧！不要吝啬，将你真诚、得体、合乎时宜的赞美宣之于口吧！满足对方的虚荣心，为创造更加和谐的沟通情境而努力。

互惠心理：一举两得，何乐而不为

原本，丽娜一点儿都不想惹事上身。办公室里的同事们都知道，丽娜一向是明哲保身，崇尚事不关己高高挂起的态度，所以很少帮助他人。为此，同事们在需要帮忙的时候，也很自觉地从不求助于丽娜。不过，新来的小雨可不知道丽娜的为人。这不，小雨需要完成一份报表，然而很多相关的数据还都不知道，因此就找到专门负责数据的丽娜，想让丽娜帮她查找资料。

丽娜一听到小雨的请求，马上头就大了，正当她准备找借口拒绝时，小雨突然说："丽娜姐，我知道你最近正需要整理这些数据。你看这样好不好，你把整理数据的时间提前一些，我每天也帮你一起整理，这样等到整理完之后，我也就有了更多精确的数据。"听到小雨主动要帮助自己整理数据，丽娜不由地琢磨起来：如果我一个人整理这些数据，怎么着也需要一个月的时间；如果我把整理数据的时间提前一些，那么有了小雨这个帮手，半个月就可以完成了，何乐而不为呢？就这样，丽娜答应了小雨的请求，开始和小雨一起着手整理。经过半个月的努力，她们果然完成了对数据的整理。小雨呢，也因此有了精确的数据，顺利地完成了报表。

在这个事例中，一向不愿意帮助他人的丽娜，却接受了小雨的请求，这是为什么呢？究其原因，是因为丽娜在帮助小雨的过程中，也能够得到小雨的帮助，从而尽早完成工作，让节省下来的时间变得轻松、愉悦。对丽娜而言，她要想得到这些好处，只需要把原本就需要做的工作提前半个月就可以了，她根本没有理由拒绝。当然，这是一件双赢的事情，小雨也不是来白白帮助丽娜的，她在帮助丽娜整理数据之后，如愿以偿地得到了精确的数据，从而帮助自己更好地完成了工作，也博得了上司的赏识。

在生活和工作中，几乎没有任何人能够仅凭一己之力，就完美地完成很多事情。因而，我们必须学会求助于他人。尤其是在遭到他人拒绝时，我们要做的不是放弃，而是找出对对方有利的事情，与对方互惠互利。人们的心中普遍有这样一种想法：给予是一种责任，接受是一种责任，偿还也是一种责任。偿还的责任不仅减弱了我们选择施恩者的能力，还把这种权力交到了对方的手中。在这个过程中，因为双方力量悬殊，所以真正的选择权被施恩者牢牢地掌握在手中。

尤其是在现代社会的职场，人情越来越淡漠，很多人之间的交往都是建立在利益的基础上，这其实无可厚非。正所谓没有永远的敌人，只有永远的利益。如果我们与他人成为利益共同体，能够通过同一件事情结成同盟，那么，我们与他人的关系就会变得更加坚不可摧。在这种兼顾心理、互惠互利的基础上，我们请求他人帮助也会显得更加理所当然，并且不会因此而觉得欠别人很大的人情，可谓一举两得。

首先，抓住对方的互惠心理，就不会在交际沟通中惨遭拒绝，而是让对方欣然接受你的请求。互惠原理具有强大的威力，即使一个人多么的不受欢迎，只要给我们一点儿小恩小惠，就能提高我们照着其要求做事的概率，因为我们接受了他的恩惠后不自然地产生了亏欠感。其次，一个人硬塞给我们一些好处，也一样很容易地触发我们的亏欠感，因为互惠原理已经在人们心目中形成了一种思维定式，人们会不自觉地遵守它。最后，人们为了消除令人不安的亏欠感，往往会付出一个比先前所得恩惠大得多的恩惠作为自己的回报。

权威心理：专家让人站一队，权威更有说服力

美国心理学家们曾经做过一个实验：在给某大学心理学系的学生们讲课时，向学生介绍一位从外校请来的德语教师，并强调说这位德语教师是从德国来的著名化学家。在试验中，这位"化学家"煞有其事地拿出了一个装有蒸馏水的瓶子，说这是他新发现的一种化学物质，有些气味，请在座的学生闻到气味时就举手，结果多数学生都举起了手。对于本来没有气味的蒸馏水，这位"权威"的心理学家通过语言暗示而让多数学生都认为它有气味。人们都有一种"安全心理"，即人们总认为权威人物的思想、行为和语言往往是正确的，服从他们会使自己有种安全感，相信他们就不会出错，或者说降低出错的概率。同时，人们还有一种"认可心理"，即人们总认为权威人物的要求往往和社会要求相一致，按照权威人物的要求去做，会得到各方面的认可。这两种心理同时作用就诞生了权威效应。所谓"权威效应"，就是指说话人如果地位高、有学识、受人敬重，所说的话就容易受到别人重视，并使人相信其正确性，即"人微言轻，人贵言重"。

在现实生活中，利用"权威效应"的例子很多：做广告时请权威人物赞誉某种产品，辩论说理时引用权威人物的话作为论据，等等。在人际交往

中，利用"权威效应"，还能够达到引导或改变对方态度和行为的目的。

企事业单位以及商场、酒店、学校、娱乐场所大都愿意请领导或名人雅士题写名称；很多书籍，也喜欢请名人题签作序；有的药品、保健品的宣传资料上，常常见到官员的题词和接见董事长、总裁的照片：这一切，都是利用人们的权威心理为自己的产品做代言。

在企业中，领导也可利用"权威效应"去引导和改变下属的工作态度，提高工作效率，这往往比命令的效果更好。因此，一个优秀的领导肯定是企业的权威，或者为企业培养了一个权威，然后利用权威暗示效应进行领导。当然，要树立权威就必须要先对权威有一个全面的、深层的理解，这样才能正确地树立权威，才能让权威保持得更加长久。

在教育中，尤其是在课堂管理过程中，教师对学生而言是"权威人物"，不论是专业知识还是人生阅历都有绝对的优势。教师充分利用这一优势，在学生中确立自己的权威，充分发挥"权威效应"，从而使自己的教学理念畅通并有效地执行。但"权威效应"不能滥用，须知"千里之堤，溃于蚁穴"，一些容易忽略的细节、不当的言行会逐渐地削减已经树立的威信。

在与他人沟通的时候，适时地引用专业人士的言论更能使人信服，会使沟通变得更加轻松容易，专家或是权威的说法更具可信度。权威是行走的言论说服通行证，权威的说服力有时较事实更甚。

第二章

顺畅沟通，牢记八大基本原则

沟通高手的秘密在于他们掌握了说话的技巧，总是能说出让别人感到愉快的话。并且，这些人也总能用语言引导别人，仿佛他们天生就有一种"呼风唤雨"的能力！然而，实现顺畅沟通的前提就是要牢记一些人际交往的原则，如此才能营造其乐融融的交谈氛围，才能建立一个良好的沟通模式，从而促成有效沟通。

人际交往的基础，尊重心态不能少

眼看着天色已晚了，贵族青年亨利在森林里走了很久，也没有走到森林边缘，他意识到自己迷路了，不由地越来越焦急。他不停地策马奔腾，又走了大概半个小时，终于看到前方不远处有个人影在踟躅前行。亨利赶紧快马加鞭赶了上去，喊道："喂，请问哪里有投宿的地方？"那个人一回头，看到骑在高头大马上的亨利，一言不发地随手往前一指。原来，这个人是个猎人，肩膀上还扛着猎枪呢，也许还是个哑巴吧。亨利这么想着，继续扬鞭策马，朝前奔去。马蹄扬起的灰尘，呛得落在后面的猎人不停地咳嗽。

亨利又走了半个小时，还是没有看到投宿的地方。这时，天已经越来越黑了，他不由地担心起来。如果猛兽出来，他手无寸铁，根本就无法保护自己。突然间，他意识到也许这里并没有投宿的地方，而只是因为他缺乏尊重，所以那个猎人才随手一指，作为对他的惩罚。为此，亨利赶紧往回赶去，想要再次找到猎人问个明白。果然，他沿着原路往回走，大概20分钟之后，远远地就看到猎人的身影。这次，他早早地下马，牵着马等候在路边，等到猎人走近了，他才毕恭毕敬地问："您好，请问这附近有投宿的地方吗？"猎人抬头看了他一眼，慢条斯理地说："这里方圆数十里没有人烟。如果你不嫌弃，就跟我去打猎的临时休息处凑合一晚上吧，不然野兽一出来，小命都没了。"亨利赶紧点头答应，并且让猎人把背着的猎枪、干粮等都放到马背上。这次，亨利始终都保持对猎人的尊重，到了猎人的小屋以后，赶紧帮着猎人生火煮饭。猎人不但把自己的干粮分给亨利吃，还特意烤了一只野兔招待亨利。次日清晨起床后，猎人详细地给亨利指路，亨利很快就走出了大森林。

在这个事例中，猎人第一次之所以没给亨利指路，就是因为亨利对待他的态度很不好，不但居高临下，而且颐指气使，还让他吃了很多灰尘。第二次，亨利意识到自己的问题，知道应该尊重猎人，因而赶紧原路折返，早早地下马守候在路边，毕恭毕敬地等待猎人走过来。果不其然，当亨利的态度变得足够尊重时，猎人对他的态度也随之改变。猎人不但把他带回自己歇脚的小屋休息，还分干粮给他，甚至还特意烤了野兔招待他。从这个小小的故事中，我们不难看出，尊重是人与人交往的基础。如果我们在与他人交往的过程中缺乏尊重，那么我们同样会遭到他人的嫌弃，甚至是故意的捉弄。陌生人之间尚且如此，对于很多熟识的人，我们就更要保持尊重的态度。有位名人曾经说："你怎样对待他人，他人就怎样对待你。"因而，我们如果想得到他人的尊重，自己就必须尊重他人，这样才能使人际交往朝着更好的方向发展。

每个人都希望得到他人的尊重，因为这样能够满足我们的心理需求。尤其是在社会生活中，人们总是渴望得到认可、尊重和赞美，每个人都不会例外。因而，不管是面对陌生人，还是面对熟悉的人，我们无一例外地都要尊重他人。唯有如此，我们才能得到他人的尊重，也才能使沟通顺畅无阻。

任何人都不喜欢别人用命令的口吻与自己说话，即使有些时候迫于身份和情况不得不接受，我们也会心生反感。己所不欲，勿施于人。因此，我们在与他人交流的过程中，尽量不要用生硬的语气、命令的口吻，而应该用商量的语气、客气的态度说话，让对方充分感受到你的尊重，这样才能让对方接受，自己也会心情愉悦。

良好沟通的前提，微笑以对很重要

马丁要出差，此时此刻，他正行色匆匆地往车站赶去。因为堵车，所以他比原计划的时间晚了半个小时到达车站，虽然算不上晚点，但是作为始发车站的车次已经开始检票了。正当马丁急急忙忙地朝着检票口走去时，突然间一个中年男子拦住了他。这个中年男子看起来40岁左右，穿着破破烂烂的衣服，不过很干净，应该是在这个城市打工的吧。马丁似乎条件反射般地，在第一时间就观察了这个男子的模样。接下来，他满腹狐疑地等着对方开口。中年男子似乎很害羞，犹豫了几秒钟才吞吞吐吐地说："不好意思啊，您能不能借点儿钱给我呢！我的钱包被偷了，需要买票回家。"这个骗局也太老套了，已经被戳穿了无数次，马丁冷漠地看着中年男子，准备离开。这时，一个十来岁的男孩从中年男子的身后走出来，微笑着对他说："叔叔，我爸爸说的是真的。我们要去砀山，买两张票需要86元钱。您能帮帮我们吗？"看着小男孩的微笑，马丁有些犹豫了。毕竟，孩子应该不会说谎的吧。但是，这样的骗局实在是太多了。男孩继续向马丁微笑着，眼睛里满含着希望。最终，马丁暗暗想道：算了，不就八十多块钱么。这父子俩万一真的需要帮助，没钱就得沦落街头了，我宁愿被骗了，也不愿意看到这样的事发生。想到这里，他拿出100元钱给他们。中年男子感激万分地说："您等等，我买完票就把剩下的钱还给您。您给我留下地址吧,我会把钱寄还给您的。"马丁摇摇头,说:"算了,不值当留地址的。剩下的钱,就给孩子买瓶水喝吧!"说完,马丁就进入检票口,他还是喜欢坐在火车里安心地等待发车。

进入火车之前,老烟民马丁拿出一支烟,想要等到抽完了再进去。后来,他又接了个电话,耽搁了一些时间。正当他准备进入车厢时,突然听到从一辆缓缓行驶的绿皮火车上传来喊叫声。他抬眼望去,看到那个男孩正把半个身子探出车窗外,向他挥手呢!原来,他们是真的需要回家的车票钱,马丁感到欣慰极了。

人潮汹涌的车站,向来是各种骗子横行的地方。因而,马丁在遇到求助的时候首先怀疑对方是骗钱的,丝毫不过分。当他准备拒绝这个看似是老掉牙的骗局时,小男孩的微笑让他改变了主意。虽然在此之前,马丁与父子俩完全是陌生的,但是小男孩纯真的、充满渴望的微笑,让他改变了主意,使他宁愿被骗走100元钱,也不愿意错过一对真正需要帮助的父子。就这样,他慷慨地给了父子俩100元钱,让他们顺利乘上回家的火车。人间总有真情在。不管骗子多么横行霸道,人们依然愿意帮助那些真的需要帮助的人。在这短暂的沟通之中,男孩正是凭借微笑打开了马丁的心扉,也为自己和父亲赢得了帮助。

微笑,是人类最美丽的妆容。当你面对陌生人时,如果想要得到对方的帮助,或者想和对方友好地交谈,那么你一定要用微笑来装饰自己。任何情况下,人们都很难拒绝一个向自己微笑的人,因为微笑是最动人的语言。需要注意的是,微笑应该是完全发自内心的、真诚的。人的感觉是非常敏锐的,他们总是能够判别哪些微笑是真心的,哪些微笑是虚情假意地挤出来的。

微笑时,我们还应该用目光与他人进行眼神的交流。眼睛是心灵的窗口,你要想得到他人的认可,就应该向他人敞开自己心灵的窗口。你把微笑与眼神结合起来,也就预示着你的沟通成功了一半。从现在开始,就让我们敞开心灵对他人微笑吧，你会发现你身边微笑的人会越来越多，你们彼此之间的关系会更加和谐融洽。

微笑确实带有不可思议的魅力，即使人们知道微笑的背后也许并不带有什么感情色彩，人们也会不由自主地表现出喜欢来。微笑是人的一张非常重要的社交名片，说话时，得体的微笑会给人一种亲切感，会在无形中拉近双方的距离，进而形成融洽的交往氛围。

适时倾听姿态好，然后发声效果妙

作为"空降兵"，张强来到公司任职部门经理，难免有些心虚。毕竟，他是公司里唯一一个不是土生土长的中层管理者，而且，他主要负责公司的销售工作。这必须得是"当朝元老"才能镇得住那些经验丰富的销售员啊！面对毫无所知的部门情况，张强应该怎么做呢？其实，他早就已经心中有数了。

张强刚刚上任不久，公司就要开展各个大区的销售竞赛。张强负责华东大区，应该采取何种策略才能取胜呢？为此，张强找来负责各个城市销售工作的下属，召开了一次紧急会议。在这次会议上，张强在宣布公司的比赛规则之后，对大家说："各位都是经验丰富的各个城市负责人，现在咱们就集思广益，看看如何才能同心协力地取胜吧！"说完这句话，张强就等着大家发表意见。大家先是自由讨论了几分钟，然后从华东地区的"龙头老大"——上海开始，每个城市的负责人都发表了自己的看法。一听之下，张强不由得暗自庆幸自己没有搞"一言堂"，因为这些城市负责人的见解的确非同凡响，即使是颇有销售经验的张强听了之后也有茅塞顿开的感觉。这样一来，张强不但巧妙地藏了拙，而且还集思广益，收获到了大家的奇思妙想。后来，张强带领他的下属选出了一个最优方案，并进行了完善，最终，他们的销售额在公司排名第一。高兴之余，张强请大家吃饭，并且感谢大家的真知灼见。在很长一段时间内，张强都采取这样的倾听方式开会，不管有什么问题或者难题，都让大家踊跃发表意见，毫无保留。后来，虽然在部门经理的位置上坐久了，对部门的情况有了一定的了解，但是他依然沿用这样的方法，毕竟对销售行业而言，只有第一线的销售人员才是最有发言权的。而张强呢，因为集思广益之后再发言，所以发言的含金量总是很高，得到了大家的一致认可，很快就为自己树立了威信，为以后开展工作创造了极大的便利。

在日常交际中，甚至是在职场上，很多人都会犯同一个错误，即迫不及待地要发声。他们似乎觉得，只有发言掷地有声才算是权威人物的表现。殊不知，如果你的发言缺乏倾听和了解，则会事与愿违，甚至会让人们对你形成没有真才实学的恶劣印象，更何谈掷地有声呢？在任何时候，我们都必须先倾听，这样才能更加了解事情的真相，也才能综合现实情况做出最佳的选择。张强无疑是非常聪明的。他作为一个"空降兵"，尤其是还要领导那些经验丰富的销售人员，如果失言，就很容易授人以柄。因此，他为了自保，首先采取倾听的方式，同时也表现出他作为领导不搞"一言堂"、集思广益的优良作风。如此一来，可谓一举两得。

很多人以为只有喋喋不休地诉说才能让别人听到自己的声音，殊不知，很多时候倾听也是一种别样的诉说，是最有力量的无声语言。古希腊一直流传着一句话，意思是说聪明人根据经验决定自己说些什么，但是真正的智者却根据经验决定自己何时应该沉默。由此可见，要想更好地与人交往、沟通，我们不但要知道何时说话、说些什么，更应该知道何时倾听。特别是对很多口才不够好的人而言，与其急着表达自己，不如采取倾听的方式，更多地了解他人，从而帮助自己准确地把握对方的心思，最终一语中地把话说到对方心里去。这也是很多人虽然口若悬河、滔滔不绝，却始终得不到认可的原因。从现在开始，我们应该学会倾听。正如磨刀不误砍柴工，倾听不但不会延误我们的表达，反而能够使我们的表达更加高效、更有针对性。

浮躁心态不可取，耐心更能动人心

每天从幼儿园放学后，乐乐总是喋喋不休地向妈妈讲述在幼儿园里发生的事情。在回家的路上，妈妈还会给予他一定的回应，但是等到了家里之后，妈妈因为要忙着做饭，所以就没有耐心去听乐乐的倾诉了。有的时候在厨房里，乐乐站在妈妈身边继续说，妈妈却不耐烦了，说："好了，宝贝，出去玩吧，妈妈要做饭了。"如此时间长了，乐乐渐渐变得沉默寡言，再也不吧嗒着小嘴和妈妈说话了。有一次，妈妈接乐乐放学，发现乐乐反常地没有说话，就问他："宝贝，今天学校里都有什么好玩的事情啊？"乐乐摇摇头，说："没什么，和平常一样。"妈妈疑惑地说："咦，你以前不是最愿意告诉妈妈学校里的事情吗？我可是听说你们学校今天的晚餐是奥尔良烤翅啊，你最喜欢吃的。"乐乐依然闷闷不乐，说："嗯，是的，不过没什么味道，和在肯德基吃的差远了。"看到乐乐兴致不高，妈妈意识到问题很严重，便继续问道："你为什么不喜欢说话了呢？"乐乐撅着小嘴说："有什么好说的呀？况且，你也根本不喜欢听我说话啊！"至此，妈妈才意识到乐乐变化如此巨大的原因。原来，乐乐感受到了妈妈的不耐烦，因而失去了说话的兴致。

一个小小的孩子，才刚刚上幼儿园，就能够敏感地感受到妈妈对他的态度，更何况是成年人呢。试想，如果你满怀兴致地与他人倾诉，但是他人却表现出明显的厌烦或者心不在焉，那么你还有心思继续说下去吗？正所谓"己所不欲，勿施于人"，面对他人的倾诉，我们一定要给予足够的耐心，因为这也是尊重他人的表现。

从某种意义上来说，耐心是我们举手就能送给他人的最好礼物。当我们有耐心聆听对方的倾诉时，当我们有耐心细致地体察对方的心情时，当我们有耐心帮助对方解决难题时，对方所能感受到的远远不止我们的付出，还有我们发自内心的尊重和友善。从现在开始，就让我们在尊重他人的基础之上，再给予他人足够的耐心吧。只要你坚持这么做下去，你就一定会在人际关系方面收获满满。

良言一句三冬暖，恶语伤人六月寒

吴娟是公司里的销售冠军，当然，吴娟已经不止一次当销售冠军了，因而，她总是自以为是，就连走路都高昂着头。不过，吴娟的确有骄傲的资本，即使在公司业绩全面下滑的情况下，她也能保持销售业绩稳步上升，的确让人钦佩。同事们对于吴娟也都心服口服，谁让人家业绩突出呢！

前段时间，公司里新来了一位小姑娘，也是一名销售人员。这位小姑娘刚刚大学毕业，没有任何工作经验，不但业绩平平，就连人情世故也不太懂。这不，前几天公司开会，小姑娘居然坐在了吴娟的座位上。虽然座位每次都是自己随机选择的，但是因为吴娟身份特殊，所以每次都坐在主席台左侧的那个位置。也许是因为仰慕领导吧，也许是想得到领导的更多关注，小姑娘在不知情的情况下抢先坐在了那个位置上。吴娟来了之后，只见她气呼呼地坐到小姑娘身边，极尽挖苦、讽刺地说："丫头，你知道自己的身份吗？就一屁股坐在这里。你离领导这么近，难道不怕领导拿你当反面的典型吗？"小姑娘的脸上红一阵白一阵的，看到同事们都在关注她们，不由得反问："这个座位不是随便坐的吗？"吴娟更加尖刻地说："是随便坐的。不过，我觉得以你的能力和资历，你应该坐到主席台上的那个位置。'长江后浪推前浪，一浪更比一浪高'啊！"小姑娘被吴娟说得哭起来，连会议都没参加，就哭着跑开了。后来，领导知道此事之后批评吴娟，说："你呀，虽然业绩好，但是也不能仗势欺人。人家小姑娘初来乍到，就算不懂规矩，你作为前辈也应该多担待，何必恶语相向呢！"一个月之后，吴娟因违规操作被公司除名了。这让同事们都非常惊讶，他们想不通为什么公司这次如此小题大做呢！很久之后，大家才知道，原来那个曾经被吴娟奚落的小姑娘，居然是公司一个高层领导的女儿，人家是"隐姓埋名"下来体验生活的。吴娟违规操作再加上她的行为的确不利于员工内部的团结，因而就被公司除名了。

吴娟肯定没想到这个小姑娘有如此强大的背景，虽然她的离开让人心生遗憾，却也是大快人心的。如今，再也没有人敢像吴娟那样仗着业绩好就在同事们头顶上作威作福。吴娟呢，只怕也想不到自己大好前程的葬送，居然与几句恶言恶语相关。

常言道："良言一句三冬暖，恶语伤人六月寒。"很多时候，人们因为情绪激动或者心理不平衡，就会口不择言地说出一些伤人的话来。他们发泄完了，以为事情就过去了，殊不知，这些话就像钉子一样钉在人们的心里，即使时光流逝，钉子最终被你真诚的道歉拔了下来，但是依然会留下深深的痕迹，永远无法消除。尤其是在职场上，大多数人都很爱惜自己的面子，在这种情况下，如果我们为了逞口舌之快而刺伤他人的心，则一定会给自己的职业生活带来莫大的阻碍，甚至埋下隐患。因而，我们应该宽和待人，让自己的语言和容貌一样美丽。即使有的时候难以控制情绪，也应该尽量把握说话的分寸，因为说出去的话就像是泼出去的水，再也无法收回了。

营造良好的氛围，交谈才能获双赢

1984年5月，当时担任美国总统的里根，应邀到上海复旦大学进行访问。按照计划，他将会在学校的大礼堂里与一百多名学生见面，并且进行互动交流。听说要与美国总统面对面，这些大学生们全都兴奋不已，也很紧张。虽然里根并不紧张，但是如何与学生们进行更好的交流，也是他不得不考虑的问题。思来想去，他给了学生们一个非常轻松的开场白。当时，面对台下黑压压的学生，他微笑着说："实际上，我与贵校有着不解之缘。我的夫人南希曾经在美国史密斯学院就读，你们的校长谢希德先生，是她的校友。如此说来，我与在座的各位也都是朋友，有很深的渊源。"里根的话音刚落，台下的学生们就给予他雷鸣般的掌声。里根的开场白，不但帮助学生们缓解了紧张的情绪，瞬间与学生们拉近了距离，也帮助自己树立了和蔼可亲的形象，得到了学生们的一致认可。

里根总统的这番话，明确表达了他想要与同学们亲近的渴望，同时，也在同学们面前表现出他平易近人的一面。他成功地拉近了自己与同学们之间的距离，营造出其乐融融的交谈氛围。正是因为他开场白的铺垫，接下来的交流和互动才变得轻松、愉悦。在日常生活中，几乎每个人都难以避免与他人互动。尤其是在人多的场合，轻松愉悦的交谈氛围，不但能使交谈的参与者更加自然，也会使整个交谈如愿以偿地达到预期的目的。掌握交谈技巧固然重要，但是交谈氛围显然影响着交谈的进展情况，所以，如何营造良好的交谈氛围，也是相当重要的。

在日常生活中，每当需要应酬时，我们不妨学着里根总统的样子，与他人"套套近乎"，营造良好的交谈氛围。也许有人会问："如果是此前完全陌生的人，如何做到与他人'套近乎'呢？"其实，只要你愿意，就能找到共同的话题。例如，两个带着孩子的妈妈可以以孩子为话题展开，同为一个省份的人可以攀上老乡，再或者你们曾经都在同一个地方生活过，甚至你们都有相同品牌的衣服……总而言之，各种各样的理由都可以成功地帮助你拉近与对方的关系，只要你是有心人。在任何社交场合，我们最害怕的就是冷场。只要交谈的气氛和谐融洽，人们就会自然而然地参与到交谈之中，甚至畅所欲言。如此一来，倾心交谈就成为水到渠成的事情，让我们从中受益匪浅。

察言观色再发声，有效沟通巧促成

作为一名房屋经纪人，约翰的工作非常出色。他总是能够在市场的寒潮中成交，就在前几天，他还刚刚卖出去一套房子给中国来美投资的华人呢！为什么约翰能够做到这么优秀呢？这与他察言观色的本领是分不开的。其实，约翰刚刚成交的这位华人，曾经跟随很多经纪人都看过房子，但是始终不太满意。

那天，约翰带着这位华人去看房，先看了一套高档公寓。华人皱皱眉头，说："这还没有我在北京的家大呢？"约翰赶紧调转话题，问："您喜欢独栋别墅吗？别墅住起来，和这种公寓完全是不同的感觉，非常自由。"华人眼前一亮，说："但是，我听说独栋别墅通常都在郊外啊！会不会治安不好，孩子将来万一需要来美国读书的话，会不会离学校太远呢？"约翰琢磨了一下，说："哦，我明白了。您不单单是需要投资，还考虑到孩子将来也许会来读书，是吗？"华人点点头，说："之前有个经纪人带我看了好几幢独栋别墅，都太远了，不但离学校远，而且距离超市、商场都很远，购物也不方便。如果让我去趟超市开车一个多小时，我肯定会抓狂。"约翰笑了起来，说："好啦，我现在了解您的准确需求了。如果您方便的话，我现在马上约几套符合您要求的别墅，您可以去看看。"华人没说话，算是默许了。约翰赶紧约好房子，他先是带着华人看了两套房子，华人都没有表现出什么。直到第三套，华人看得非常仔细，而且还特意询问房主房子里面有没有白蚁。约翰心中暗暗高兴，觉得华人已经看上了这套房子。原本他准备带华人再看一套更贵、更好的房子，但担心价格会超出华人的预期，反而犹豫不决。因而，他索性选择结束看房，并且对华人说："我给您看的这第三套房子，是所有房子里条件最好、性价比最高的。"果不其然，华人在考虑一天之后，定下来要购买这套房子，他还非常感谢约翰给他找到这套各个方面都很合适的好房子呢！

如果约翰不能做到察言观色，则客户在看了后面一套更贵、更好的房子之后，反而会犹豫不决。幸好约翰通过察言观色了解了客户的心理状态，从而一语中的，打动了客户的心，让客户几乎不假思索地定下了这套房子，促成了成交。其实，从事销售行业的人首先要弄清楚的就是人。只有了解客户的心思，及时洞察客户的心理变化，才能更好地掌握客户，促成交易。

要想与他人愉快地交谈，打开他人的心扉，让他人信任你、对你产生好感，无疑是最重要的。然而，生活中我们与很多人都是初次见面，或者了解不深，在这种情况下，又如何做到一语中的地说话呢？没关系，也许你此前并不了解某人，但是只要你能做到察言观色，你就能很快地了解对方的所思所想，从而把话说到他人的心里去，让他人感到震撼。

其实，民间并不缺乏察言观色之后一语中的的事例。早在几十年前，随便走在大街小巷，我们都会看到一些算命的人。现在想来，命运完全是未知的，没有任何人能够参透命运的玄机，做到未卜先知。然而，算命的却往往能够说到人们的心里去，这又是为什么呢？其实，算命的人有一项特别的本领，那就是察言观色。可以说，他们察言观色的本领已经达到了极致，所以才能在短短的几分钟之内就猜透人们的心思，说出的话总有几句能够打动人心，让人们心甘情愿地掏出钱来给他们，以求了解未来的命运。如果我们在人际交往的过程中也能做到多多察言观色，那么即便达不到参透他人心思的程度，也足以看出他人的心理变化，这会对我们与他人的交往起到积极的推动作用。

话题找对是关键，让沟通事半功倍

很小的时候，伽利略就表现出对科学浓厚的兴趣。然而，他的父亲坚持让他学医，并且在他17岁的时候把他送到比萨大学医学院学习。然而，不管怎么强迫自己，伽利略都无法对医学产生兴趣，反而在利用课外时间去听大名鼎鼎的欧几里得讲授静力学和几何学时感到津津有味。当然，伽利略知道不能直接拒绝父亲的好意，否则，不但会事与愿违，还会与父亲之间产生隔阂。因此，他思来想去，终于想出了一个好办法。

有一天，伽利略问正在书房里读书的父亲："父亲，当初你为什么对妈妈一见钟情呢？"听到这个问题，父亲马上抬起头，面带微笑地说："你母亲年轻的时候是个大美人，我一见到她就情有独钟，再也无法爱上其他的女人啦！""当然，我对这一点深信不疑。父亲，因为我此刻也面临这样的一见钟情。"听到儿子谈恋爱了，父亲高兴极了，问："你也有了心仪的女孩子了吗？这可太好了。"伽利略愁眉不展地说："我爱上的不是女孩子，而是科学。我这一生注定只爱科学，就像你对母亲痴心不改一样。"父亲哈哈大笑起来，伽利略继续说："虽然我已经18岁了，但是我并不想急于考虑婚姻大事。我不想恋爱，科学就是我的爱人。父亲，我想成为一个让你骄傲的人，我想在科学的道路上做出一番成就。"父亲为难地摇摇头，说："但是我没有足够的钱供你读书。"伽利略迫不及待地说："父亲，我可以申请宫廷奖学金啊，只要你和你的那些朋友打个招呼，我肯定能得到奖学金。"父亲陷入深思，说："这个主意听起来还不错……"伽利略高兴极了，当即向父亲保证："我一定成为一个科学家，让你以我为傲！"

为了说服父亲同意自己学习科学，伽利略并没有鲁莽行事，而是费尽心思，想出了一个有效的办法。他首先从父亲乐意听的话题开始谈起，从父亲对母亲的一见钟情谈到自己对科学的一见钟情，最终成功说服父亲帮助他申请奖学金，支持他学习科学。这就是话题的魅力。倘若伽利略一开始就提出拒绝医学，坚决要学习科学，也许会遭到父亲恼羞成怒的拒绝。显而易见，伽利略知道父亲以与母亲的结合为骄傲，所以这个话题一定能让父亲心情愉快。

在人际交往过程中，避开"让人讨厌的话题"相对较容易，而要增加话题的趣味性，就难了。每个人都需要与他人交谈，最好的切入点，就是从他人感兴趣或者喜欢说的话题着手，然后由此展开。选对话题很重要，不合时宜的话题总是让人恨不得马上结束谈话，甚至还会让人恼羞成怒。相反，只有选对话题，让他人怀着愉悦的心情与你交谈，你才能坦然地表达自己的思想和看法，从而将话题引到自己想说的话上。生活中，有很多话题都可以作为交谈的切入点，而愉快交谈的关键就在于这些话题应该是让人心生愉悦的。

如果我们想要交朋友，并成为受人欢迎的说话高手，就要用热情和生机去应对别人。接触对方内心的妙方，就是和对方谈论他最感兴趣的事情。

第三章

读懂肢体语言，
让对方传递出的信号为自己所用

日常生活中，除了运用语言进行沟通之外，人们还有很多其他辅助的语言，例如表情、肢体动作等。肢体动作看似漫不经心，恰恰是人们内心活动的真实反映。因而，如果我们能够准确地识别他人的肢体语言，就可以更加深入地解读他人的内心，从而促进彼此之间的交流、沟通，使彼此相互理解和体谅，这对于人际关系的发展有很大的好处。

读懂眼神，才能探查人心

作为一名普通老师，佳佳对于工作总是尽心尽力，从不偷奸耍滑。她常说，教师是个良心活儿，必须对得起自己的良心，对得起殷切期望的家长，对得起求知若渴的孩子们。为此，在新学期来临时，很多老师都在抄写教案，佳佳却坚持备课，从不偷懒。也许是因为她的用心与真心，孩子们也给她交出了满意的答卷。这次中考，佳佳所带的班级里，居然有20个孩子考上了重点高中，而其他班级都只有十来个，有的班级才七八个。为此，校长对佳佳刮目相看，经常当着其他老师的面夸赞佳佳，还号召大家都向佳佳学习。

新学期开学之后，学校里有一个外出学习的机会。原本，学校里是有两个名额的，但是校长特批留出一个名额给佳佳，因而其他条件相差无几的老师们开始为了另一个名额角逐。最终，名额被平日里与佳佳关系比较好的孙老师得到了。想到与孙老师一起去学习，佳佳还挺高兴的。毕竟学习要持续一个多月，如果和一个处不来的老师一起去，则无疑会很痛苦。然而，让佳佳万万没想到的是，就在即将出发去学习的前一天，校长突然让佳佳留下来承担教学任务，而把名额给了倩倩。看到倩倩得意的样子，佳佳质问："倩倩，你一定知道这是怎么回事吧！"倩倩用坚定不移的目光看着佳佳，接连摇头，说："我真的不知道，你只能去问校长。我也纳闷了，简直是'天上掉馅饼'啊！这么好的机会怎么就落到我头上了呢！"佳佳百思不得其解，直接去问校长，校长也只说教学任务艰巨，必须佳佳才能承担。直到很久以后，佳佳才从其他老师口中得知真相：原来，有人跑到校长那里说佳佳和孙老师有不正当的关系，因而不能同时派他们去学习。至于这句话是谁说的，佳佳不用问也知道。倩倩平日里就对佳佳百般不服气，而且她做事毫无原则和底线，再回想起她当时说自己不知情的样子，佳佳简直觉得恶心。从此以后，她对倩倩百般小心、万般防备，生怕她再给自己使阴招。

当一个人目光坚定地看着你，就一定证明他心中没鬼吗？很多时候，人们恰恰是为了掩饰自己虚弱的内心，所以才故意让眼神坚定不移。事例中的倩倩就是这样的人，也因为她做事没有原则和底线，所以可以大言不惭地掩饰自己。通常情况下，我们在与他人交流时都会与他人进行眼神的交流，但是现在却要小心了，因为一个目不转睛地盯着你看以证实自己清白的人，也许恰恰就是在撒谎。对此，有心理学家专门进行了实验，结果证实有超过七成的撒谎者，都会目不转睛地看着对方。由此可见，我们已经不能再用那些过时的经验来通过眼神判断一个人是否撒谎，尤其是对那些撒谎成性的人。

一般来讲，撒谎的人往往会因为心虚而眼神游离不定，不敢与交谈者直视或者做眼神的交流。但也有一些狡猾、老练的人会刻意回避这些身体语言可能透露出来的信息，这就需要我们慧眼识珠，更加细致入微地结合他平时的为人行事来揣摩他的内心了。

很多撒谎高手，正是因为知道眼神的游移不定会出卖他们，所以故意让目光变得更加坚定。但是，无论他们怎么掩饰，他们的瞳孔都会出卖他们。因而，在人际交往的过程中，要想借助于观察他人的眼神来了解他人的内心，我们就应该更加认真、细致入微，不放过对方眼神任何细微的变化，这样才能发现对方的真实面目。

很多时候，我们还是可以透过眼神移动的情况来推测他人的心理的。在人际交往的过程中，眼神所处的位置不同，其心态也各不相同。譬如，当上下级探讨工作时，上级的视线一般从高处发出，然后自然地投射下来。这是出于位高者总是希望对下级保持威严与审视的正常心理。这种眼神就提醒我们，面对上级要保持谦虚与低姿态，因为这才是老板想要的或者所欣赏的员工。

适时点头，表达关注与欣赏

一家广告公司，很多时候各个部门的划分并没有那么明确。诸如有的时候接到一个难度较大的策划案，专业的策划人员反而会受到思维的局限，无法突破常规，因而老板有时候会在全公司范围内发出征集令，征集广告方案。就像这次的广告策划案，策划部全员出动加班好几天，做出的方案依然不能让客户满意。无奈之下，老板只好集思广益，让其他部门的员工也参与进来。当然，老板也承诺会给提供方案且被选中的非策划部员工以高额的奖金。由此一来，大家全都像打了鸡血一样，奇思妙想接连不断。最终，老板在这些反馈中筛选出三个方案，其中有一个就是财务部的丽娜做的。为了最大限度地让客户满意，老板决定让这三个方案的策划者都当着客户的面进行解说，让客户最终定夺。眼看着见客户的日子就要到了，丽娜显然有些紧张，她不是专业的广告策划，很担心自己的方案相形见绌。再加上她从未有过当着客户的面讲解演示文档的经历，因而就更加紧张了。

当天，丽娜和其他两名策划部的同事一起，来到客户公司的会议室。先是那两名策划部的同事讲述演示文档，丽娜一边旁听一边默默学习。最终，她决定就按照自己的所思所想来讲述。等到她怀着忐忑的心情讲完了自己的设计初衷之后，她看到客户正在慢慢地点头。她不由得暗自窃喜：难道我的方案得到认可了？这让她感到万分兴奋，也更加放松下来。她侃侃而谈地讲述着，虽然不够专业，但是客户又接连点头几次。果不其然，丽娜的创意得到了客户的认可，接下来，她所要做的就是在专业广告策划的配合下，完善细节。这下子，丽娜可算出名了。她心里知道都是客户的点头激励和鼓舞了她。

如果没有客户的适时点头，丽娜也许在讲述到一半的时候，就会因为缺乏信心和情绪低落而放弃了。毕竟，和专业的广告策划相比，她的创意虽然很好，但是细节还是欠缺很多。幸好，客户的及时点头，让丽娜认识到了自己的价值，再次充满了自信。

人的语言和肢体语言都是受大脑控制和指挥的。人的所有表情都集中在头部，因此头部往往是人们关注、观察身体语言的重点。可以说，观察一个人，从头部所得到的信息是最为准确的。点头，指快速地向前低头，是同意、致意或命令等的表示；语出五代齐己《寄松江陆龟蒙处士》的诗句中："道在谁开口，诗成自点头。"

点头在一般的场合，表示肯定与赞赏。中国人打招呼最常用的方式就是笑一笑或点点头，同时也会扬扬手。点头还可以表示肯定、同意、鼓励等。可见点头是社交中不可或缺的语言符号，我们总能在别人点头的动作中获取支持，增加继续交流的动力。点头是一种回应，一种注意力的回应，我们往往能从这种回应中找到肯定的价值，从而使沟通变得更加顺利自然、轻松愉快。

当然，我们不仅要从他人的点头上认识到自己的价值，也应该在与他人交流时，在表示认可时适当点头。这样一来，即使我们一句话都没有说，他人也会从我们的点头动作上看出我们的心意和认可，从而更加自信地侃侃而谈。否则，如果没有强力的支撑使其充满后续的动力，那么如何能够继续坚持下去呢？在任何时候，你都不要吝惜表达你的意见，尤其是你的肯定意见。即使当时的情况不允许你发出声音或者打断他人的交谈，你也可以以这个最简单的动作——缓慢点头来表达自己的认可和赞许。

频频点头，也许意味着厌烦和催促

作为职场新人，郁南坚持每天汇报工作，从而督促自己更快地进步。在刚开始时，郁南的汇报工作很受经理的欢迎，经理还经常号召其他同事也向郁南学习，认真、严谨地完成工作。然而，一段时间之后，郁南感受到了经理的变化，即在他汇报工作时，经理不再耐心地指导他，而是频繁地点头。因为缺乏经验，郁南虽然觉得经理和以前不同了，但却没有明确意识到经理的态度改变。因而，他依然一如既往地去汇报工作。

一个周五的下午，同事们早早地完成工作，准备下班回家度周末了。在下班前10分钟，郁南拿着当天的工作成果去找经理汇报。郁南刚刚说了几句，经理就开始接二连三地点头，郁南忍不住问："经理，我觉得我的工作很普通啊，也没有特别的成就。为什么我刚说了几句，你就接连点头呢？"听到郁南的问题，经理无奈地笑了，说："郁南啊，你可真是大学毕业生啊！一点儿职场经验都没有。其实，人们点头是表示肯定，但是如果频繁点头，就是表示否定。我觉得，你现在也来公司一段时间了，也积累了一些工作经验，以后就不必每天都汇报工作了。你看看，我每天的工作也很忙，把工作分配给你们，就是为了减轻自己的负担。如果每个人都来找我汇报工作，那么我岂不是分身乏术了吗！而且，我下班之后也有家庭需要照顾，所以我和你们每个人一样,都盼望着周五的下班时刻早点儿到来呢!"听了经理的话,郁南这才恍然大悟,他赶紧告辞,以免耽误经理准时下班。

作为一名刚刚毕业的大学生,郁南不但缺乏工作经验,而且对于职场上的很多潜在规则也很不了解。因而,他总是一如既往地在下班之前去找经理汇报工作,导致经理哭笑不得。因此,经理只得用频繁点头来暗示郁南,但是郁南却根本没有理会。无奈之下,经理只好给郁南普及了肢体语言的常识,使他意识到过度的工作热情如果用错了地方,则是很让人尴尬的。除了表示厌烦之外,在着急的时候,很多人为了表示催促,也会频繁点头。

点头表示答应、同意、理解、肯定或是赞许,大多是表示意向一致的意思。但是这个动作对方做得过于频繁,你就要在心里发出警报了,这很可能是传达出不耐烦和敷衍的信号了。频繁点头不一定是表示肯定,尤其是在你说话时,对方没有跟你有眼神交流,点头也不是在说话的句末就盲目地摇晃,这是在提醒你,对方已经没有兴趣听你侃侃而谈了,你应该结束谈话了。

总而言之,不管是语言交流还是肢体语言的辅助作用,都没有一定之规。因而,我们必须机智、灵活,根据现场的实际情况来理解和领悟他人的意思。否则,我们就会因为误解或者对于他人的示意无动于衷,最终导致自己与他人的关系陷入尴尬,甚至变得剑拔弩张。

还有一种情况,即你在与他人说话时,他人原本心不在焉,根本不知道你在说些什么,等到你问的时候,又仓促之间匆忙、持续地点头,这也是一种厌烦的表现。就像一句话用在不同的情境中或者由不同人的口中说出来往往代表不同的含义一样,同样的肢体语言用在不同的情境中也往往有其独特的含义。我们必须非常用心地区分这些肢体语言的微妙差别,才能真正领悟他人的意思,做到与他人更加友好地交流。

水杯摆放，位置丈量心理距离

作为一名大龄女青年，身材不够好，长相还不够漂亮，小尹几乎为个人问题伤透了脑筋。这不，眼看着周末就要到了，她不得不再次参加相亲活动，否则，她的爸妈一定会唠叨个不停，甚至罚她不许吃饭。眼看着自己已经快要30岁了，小尹的态度也不像前几年那样漫不经心，她渐渐觉得爸妈的急迫和紧张是有道理的。因而，虽然她表面看起来还是与爸妈唱反调，但是对于相亲却配合了很多。周六一大早，她就起床开始捯饬自己。既然没有天生丽质和曼妙身材，最起码应该靠服饰和妆容稍微修饰下吧。

小尹听介绍人说过这位男士的情况，38岁，离异，但是没有孩子，在外企工作，研究生学历，也算得上是条件不错。对于这样的条件，如果对方没有离异，小尹也许就觉得根本不用见；但是既然对方也有一个所谓的缺点，她也生出了一些自信。走进事先约定的咖啡厅，小尹远远地就看到一个魁梧的身影正背对着自己。她不由得激动起来，心怦怦直跳。在见到对方英俊长相的那一刻，小尹真的有些怦然心动。然而，男士似乎不是那么满意，不过小尹还是想表现出自己的优点，为自己争取一下。他们就这样有一搭没一搭地聊着，男士的表现算得上绅士，既没有对小尹特别热情，也称不上冷淡。在男士拿起咖啡杯小酌一口之后，小尹发现了一个细节：原本，男士的咖啡杯靠近桌子中间位置，与小尹的咖啡杯离得很近。但是，男士在喝完咖啡再次放下杯子时，不知道是有心还是无意，居然把咖啡杯放到了右侧远离小尹的那一端。虽然自始至终男士都没有表现出拒绝小尹的意思，但是小尹心下了然，男士的心就像他的咖啡杯一样，恨不得躲得远远的。既然如此，小尹自觉地结束了交谈。回家之后，爸妈问她相亲结果如何，小尹苦笑了一下说："没什么希望，我觉得我必须先减肥，才能找到人生的另一半了。"

小尹无疑是很细心的，虽然男士对她彬彬有礼，但是她却能感觉到对方的绅士风度里蕴含的拒绝意味。尤其是在看到男士把咖啡杯放到远离她的一端时，小尹更加证实了自己的猜测，因而识趣地主动结束谈话。虽然小尹很想找一个男朋友开始恋爱，但是她也知道感情的事情强求不来，因而只能随遇而安。

在男士拿起咖啡杯小酌一口之后，小尹发现了一个细节：原本，男士的咖啡杯靠近桌子中间位置，与小尹的咖啡杯离得很近。但是，男士在喝完咖啡再次放下杯子时，不知道是有心还是无意，居然把咖啡杯放到了右侧远离小尹的那一端。这个细节使小尹看出了对方的心意，虽然出于礼节，男方一直很绅士，但是身体语言却无意地暴露了内心的想法。当一个人对交谈对象不是很中意的时候，他就会刻意地保持一段安全距离，但是男士出于教养却不能做出伤害女性自尊的行为，只有无意地用手边的物品来创造安全距离，以示不感兴趣。

每个人都生活在人际关系之中，没有任何人能够摆脱与他人交往而独自生存。因而，与他人的沟通是否顺畅，往往关系到我们能否生活得快乐。在这种情况下，我们一定要认真细致地观察他人的肢体动作，从而揣测他人的心理，做到与他人更好地相处。不但水杯能够表现出他人与你之间的心理距离，很多时候，其他物品的摆放也会表现出一定的心理趋势。因而，我们应该处处留心，努力与他人沟通，经营好人际关系。

座位变动，助你不动声色施压于人

在这场谈判中，林允作为公司的代表，做到了不卑不亢、进退有度。这个项目很大，涉及公司诸多方面的利益，因而林允非常慎重。到现在为止，谈判已经进行了两天半的时间，下午的谈判将会起到至关重要的作用，甚至能够决定全局。为此，林允尽管很疲劳，却丝毫不敢懈怠。

和上午一样，谈判双方都不想在利润的分配问题上做出让步。眼看着时间又过去了一个多小时，林允决定给对方施加压力。他先是借故要出去接电话离开了会议室，然而，等到几分钟之后回来时，林允并没有回到原本位于对方主谈判对面的座位就座。相反，他随意地坐在了靠近门口的一个座位上，而且态度也显得有些漫不经心。这个看似随意的举动，果然给对方造成了巨大的压力。林允看到对方的主谈判明显紧张起来，似乎生怕林允随时终止这场谈判。随后，对方以友好协商的口吻说："林总，您看，我们的谈判已经进行了将近三天的时间，这充分说明了我们双方的诚意。如果现在因为利润分配的问题最终不欢而散，那就太遗憾了。我看这样吧，我们作为客人的，就主动退让一步。您作为主人呢，也表现出高姿态。只要咱们双方各让一步，这三天的努力就不至于白费。"林允听到对方的表态，心中窃喜，但是他并没有表现出来，而是为难地说："张总，我这边的确已经最大限度地让步了。但是既然您这么说了,我也不能不给您面子,您也不要让我太为难,好吧?"就这样,他们双方一拍即合,张总的确做出了很大的让步,林允也象征性地又让出了一部分利润,最终,他们皆大欢喜地签订了合作意向书。

林允之所以能够在谈判进入白热化阶段的时候给对方施加压力,就是因为他不动声色地变动了座位。当然,在谈判已经付出很大努力的情况下,林允也不希望最终没有结果。因而,他并没有直截了当地给对方施加压力,而是通过看似不经意的肢体语言,传递给对方准确无误的信息,即他已经厌倦了谈判,想要尽早结束,不想再继续无休止地拉锯战下去了。作为客人的对方公司代表,一看到林允传递出来的信息,马上着急起来。因而,他当即表态,也表现出缓和的姿态,最终主动促成了谈判最终的结果。这个结果,正是林允想要的。

中国是礼仪之邦,在座位上有很大讲究。入座时的基本要求有:在别人之后入座;出于礼貌,和客人一起入座或同时入座时,要分清尊卑,先请对方入座,自己不要抢先入座;在就座时,如果附近坐着熟人,则应该主动跟对方打招呼。林允变动了座位,没有回到原本位于对方主谈判对面的座位就座;相反,他随意地坐在了靠近门口的一个座位上,这在一定程度上就增加了一段安全距离,从座位选择上给予对方暗示,表达一种敷衍和抗拒,增加对方的心理压力,从而达到自身的谈判目的。

为什么座位变动能够给他人施加压力呢?这是因为人们通常认为人心的向背会在座位的选择上表现出来。举个最简单的例子:假如你想与一个人亲近,那么你一定会情不自禁地靠近对方;与此恰恰相反,假如你打心眼里想要疏远一个人,你就会在身体上与对方刻意保持距离。因而,我们不但可以通过座位的变动来表达自己的内心,也可以通过观察他人的座位变动,来准确地领悟他人的心态。如此一来,你自然能够洞察人心,也就能够更有针对性地与他人交流。

脚尖指向，窥探他人心理秘密

萝丝最不喜欢去爸爸家里拿生活费，每次去了爸爸家，尤其是在后妈在场的情况下，她简直觉得如坐针毡，恨不得拿了生活费就跑。然而，偏偏爸爸为了见到她，总是要求她亲自去拿生活费。眼看着又到了拿生活费的日子，萝丝早早地就开始发愁。果不其然，为她开门的是后妈。萝丝进门后坐在对着门口的餐椅上，忐忑不安地等着后妈说话。虽然后妈每次并不会当着爸爸的面挖苦、讽刺她，但是她总能感受到后妈心底里透出的寒冷，萝丝知道那份寒冷是针对她的。为此，萝丝不停地盼望着有朝一日自己能够独立生活，拥有经济能力，再也不用靠着后妈的施舍读书上学。

爸爸问了萝丝很多问题，都是关心萝丝的，后妈则坐在旁边，脸上带着虚假的笑容。萝丝勉强和爸爸交谈了一会儿，就再也坐不住了。但是她很懂事，不好意思直接提出告辞伤爸爸的心，因而她借口去洗手间，回来之后不但坐在了靠近门口位置的那张餐椅上，而且还不自觉地把脚尖对着门的方向。这时，后妈用犀利的眼神观察她，然后对爸爸说："你呀，别再唠唠叨叨的了。萝丝不过是来拿生活费而已，你却总是借故问东问西。看看吧，她迫不及待地想要走呢，恨不得一脚迈出门去，你也要识趣一点儿，别再问啦。"爸爸留意到萝丝的脚尖冲着门的方向，这才看着萝丝说："好吧，既然你不愿意再多待一会儿，那就走吧。记住，有任何困难就给爸爸打电话。"萝丝听到这句话，如同罪犯得到特赦令一般，赶紧撒开脚丫子走人。后妈说得没错，她恨不得一脚迈出门去，离开这个让她尴尬和难堪的地方。

懂事的女孩在面对与爸爸重新组建家庭的女人时，难免会想起自己的妈妈，甚至为自己的妈妈打抱不平，这也直接决定了女孩与后妈的关系总是剑拔弩张的。同样的道理，也很少有后妈会完全真心诚意地接受丈夫与前妻生养的女儿，因而，她们即使再怎么掩饰，也依然会表现出拒人于千里之外的冷淡。因而，萝丝每次去爸爸的新家都如坐针毡，完全可以谅解。因为心中存在强烈的抵触，她在选择座位的时候情不自禁地表现出了自己的心思。而且，她还不由自主地把脚尖冲着门，最终被后妈看出了心理上的动向。幸好，后妈的苛刻也解救了她，让爸爸理解地放她离开。

几百万年前，当人类还不会说话时，腿和脚已经能快速地应对周围的威胁，逃跑或攻击，甚至无须理性思考。正因为这一古老反应，腿和脚的动作是最诚实的身体语言。人的行为，都是通过大脑神经控制的。而在你很自然的不去控制的情况下所表现出来的，就是你潜意识要表达的东西。而萝丝脚尖指向门口的位置也是潜意识的身体反应，她嘴上不好开口，身体却诚实地表达了自身的心意。

很多情况下，脚尖指向门口的位置并非刻意为之，而是人们潜意识里做出的举动。正因为如此，所以我们才能以此洞悉人们的内心，了解人们的真实想法。当然，如果你有意识地想要离开一个地方却又不好意思直接说出来，也可以采取这种方法暗示对方。反之，在与他人沟通的过程中，如果你观察到对方有类似的举动，你就应该明确意识到对方其实是不想与你继续交谈的，因而你就可以识趣地结束谈话了。否则，当对方心急如焚地想要结束谈话时，你却依然自顾自地发表长篇大论，又怎么能给他人留下良好的印象呢！这样的体贴入微，能够帮助你与他人更好地交流和沟通。

频繁看表，暗示应该结束谈话

作为一名保险推销员，约翰与很多大客户都能聊得来，究其原因，并非因为他多么博学或者幽默，而只是因为他很擅长察言观色，能够很好地把握客户心理。一天下午，约翰原本约好了与一位大客户见面。这位客户是公司老总，手下有一千多名员工。他不但想为家人买保险，也想为员工们买保险。约翰能够得到机会与这位老总见面是很不容易的，因而他很珍惜这次机会，提前做足了准备。

比预定时间早5分钟，约翰就已经等在老总的办公室门外了。老总打开门看到约翰，显然吃了一惊。也许他日理万机，忘记了这次约会。约翰自我安慰地想。不过，当看到约翰的那一刻，老总还是想起了这次约会，他马上请约翰进入他的办公室。大致翻阅了约翰做出来的详细规划，老总看到了约翰的专业与严谨，因此不好意思直接拒绝约翰的介绍。然而，他因为忘记了这个约会，又安排了其他事情，所以很赶时间。在约翰介绍计划书的10分钟里，老总不停地看时间，或者看墙上的挂钟，或者看手表，或者装作漫不经心的样子瞄一眼手机。约翰意识到：虽然这个机会得来不易，但是如果我如此不识趣，只会失去下一次见面的机会；相反，如果我能主动告辞，也许反而会给他留下良好的印象。想到这里，约翰笑着说："您是不是有事情要处理？没关系，我可以改天等您方便的时候再来。"老总羞愧地笑了，说："实在不好意思，我忘记了我们的约会，所以安排了一个重要的会议。感谢你的理解，我一定会尽快让秘书安排时间，让我们再次见面。"约翰彬彬有礼地告辞了。果然不出他的所料，因为他的识趣，所以老总让秘书安排了相当于上次约会预定时间双倍的时间，专门与约翰进行详谈。因为这次的时间是非常充裕的，所以约翰不但向老总详细地介绍了自己的保险规划书和其中涉及的险种，还向老总展示了保险合同书。这次见面之后没多久，他就与老总签订了保险合同，老总还夸赞他说："你与我曾经见过的很多保险经纪人不同，他们死缠烂打，但是你很专业，也很敬业。"

因为主动告辞，所以约翰博得了老总的认可和肯定，最终成功地与老总签订了保险合同。其实，约翰之所以能够得到这个千载难逢的好机会，就是因为他善于察言观色，看到老总频繁地看时间，因而意识到自己应该主动告辞。

约翰注意到老总的身体语言：在约翰介绍计划书的10分钟里，老总不停地看时间，或者看墙上的挂钟，或者看手表，或者装作漫不经心的样子瞄一眼手机。这一方面代表老总可能对他的谈话不是很感兴趣，另一方面也有可能是有其他的急事要处理，总之，表示了想要结束谈话的暗示，约翰看出了老总的心思，及时识趣地中止了谈话，不仅没有招致对方的反感，还争取到了更有利的机会。

生活中，我们难免要与形形色色的人打交道。很多时候，我们不得不把握时机，恰到好处地中止交谈。在面对重要人物的时候，我们与之见面的机会往往得来不易，轻易放弃似乎又有些不甘心，这就要求我们必须察言观色，从各种迹象确定对方的确不想继续谈下去，从而识趣地结束谈话，马上告辞。虽然这看起来是失去了一个机会，但是实际上我们很有可能因此得到更多、更好的机会。尤其是当对方频繁地看时间时，你一定要马上结束谈话，果断告辞。相信当你坚持这么做的时候，你一定会有意外的收获！

第四章

攻心有术，
用正确的钥匙打开心门上的锁

如果我们精通心理学，能够通过察言观色洞察他人的心理，我们在说话的时候就会多几分把握，更加具有针对性。

沟通，最怕的就是鸡同鸭讲，大家各说各的，谁也没有真正关心和理解对方在说什么，这样的交谈状态无疑是很可怕的。真正的有效沟通需要敞开心扉，积极主动地突破自己有限的经验，适当、有效地暴露自己的思想情感。抓住别人关注的话题和兴趣点，体谅他人的心理情绪，唯此才能激发对方与你交谈的意愿。

运用正确的称谓，拉近彼此的距离

最近，因为总经理升职了，被调动到北京总部任职总监，所以公司就空出来一个职位。看到职位忽然空缺，很多有可能顶上总经理职位的人都虎视眈眈，彼此间明争暗斗，只为了抓住这个千载难逢的好机会。

群龙当然不能无首，总经理的职位不能空缺太久。因而，上级领导临时任命张副总经理当代理总经理。得知这个消息，张总高兴极了，一下午都在哼着小曲。他暗暗幻想着人们看到他都毕恭毕敬地称呼他张总经理的情形，如今他终于实现了梦寐以求的愿望，把"副"字去掉了。然而，当他兴冲冲地准备去会议室主持会议时，档案室的老王迎面走来，喊道："代总经理，恭喜您啊！有了这个'代'字，只怕您很快就会成为真正的总经理了呢！"听到老王这句话，张总的脸上立马晴转阴。他无论如何也没想到，自己的"张副总经理"居然变成了"张代总经理"，简直让他崩溃。这时，跟在老王身后的小赵赶紧打圆场说："老王，你可真是拐弯不怕累。张总经理都已经走马上任了，以后他就是我们的总经理，你还说些乱七八糟的话干吗呢！"听到小赵的话，张总心里还舒坦些，尴尬地笑了笑，就继续往会议室走去。

在代理总经理半年之后，"张副总经理"就正式任职总经理了，但是他却始终对老王的话耿耿于怀。一个偶然的机会，张总抓住老王工作中的失误，将老王辞退了。老王无论如何也想不起来自己到底哪里得罪了张总经理。而小赵呢，居然被破格提升，成为老王的接班人。

在职场上的人，最讲究的就是称呼，尤其是当职位处于变动时期，或者正在交接时，恰到好处的称呼最有必要。就像老王这样，因为一个拐弯抹角的称呼，无意中就得罪了未来的总经理，可谓得不偿失。小赵则比老王机灵多了，他总算知道不管是不是代总经理，总经理的官位都比他们高，给予足够的尊重总是没错的。把副总经理的"副"字去掉，把代总经理的"代"字去掉，这就是官场上的原则：把人的职位往大处称呼，而不要往小处称呼。

其实，不仅仅职场上如此，生活中也是如此。在称呼年纪比较大的人时，一定要讲究礼貌，对于喜欢显示辈分高的人，就给他恰到好处的称呼；对于喜欢显示自己更年轻的人，就把他叫得年轻一些。总而言之，我们一定要恰到好处地称呼他人，这样才能让交谈变得更加顺利。试想，假如人们一开始就因为你的称呼不恰当而闷闷不乐，又怎么能做到与你愉快地交谈呢？再举个简单的例子，如果你因为迷路需要问路，但是却不能恰到好处地称呼他人，这样你就很难得到他人的详细解答，甚至还会因此而招致他人的斥责。

在人际交往中，称呼是必不可少的。如果称呼合适，则会让对方心里舒坦，有利于交际进一步发展。相反，如果称谓不合适，就会让对方心里别扭，必然会阻碍双方的进一步沟通。因此可以说，合适的称呼是开启良好交际的第一步。

由此可见，生活中只要是需要与他人交谈的场合，就需要我们给予他人最合适的称呼。适宜的称呼是友好交谈的开始，我们必须慎重对待，千万不要因为这个小小的细节导致人际关系恶化，否则就得不偿失了。

与其说自己想说的，莫若说他人想听的

大学毕业后，小小因为一个人无力负担房租，所以与另外一个女孩丝丝合租一套两居室。住进新家好几天，她们都是有一搭无一搭地说话，小小觉得她们之间似乎隔着什么。原来，小小喜欢看美国大片，但是丝丝特别喜欢看韩剧。有的时候，即使小小想与丝丝套近乎，说说美国大片的精彩之处，丝丝也完全不知道。就这样，她们的关系越来越疏远，甚至进进出出的时候连招呼都不打了。

有一天，小小打开电视机，发现除了一个频道正在播放《大长今》之外，其他频道都没有什么好看的节目。为此，她只好看起了韩剧，居然越看越投入，看到让人感动的地方，还落下泪来。第二天，丝丝问小小："你昨天看《大长今》了？"小小点点头，说："是啊，我以前很少看韩剧，没想到韩剧这么好看。我看完电视上的几集还不过瘾，后来又在电脑上找出了几集接着看，一直看到半夜呢！"丝丝眼前一亮，说："哈哈，你和我刚开始看《大长今》的时候一样，连觉都没心思睡了，恨不得一口气看完才过瘾呢！不过，我当时看的是首播，每天只能心急如焚地等着。"小小高兴地说："幸好我没有在首播时看啊，不然非得急死不行。我准备今晚继续奋战，等到周六日的时候什么也不干，就窝在家里吃零食、追剧。"从此之后，小小与丝

丝之间就有了共同语言，那就是《大长今》。她们对《大长今》里的每个人物都津津乐道，不但交流看法、发表评论，甚至还约定等到小小看完第一遍《大长今》之后，抽个假期再一起重温呢！渐渐地，小小与丝丝的关系越来越好，最终成为无话不谈的好朋友、好闺密。

刚开始时，小小虽然想与丝丝亲近，但是却没有找到合适的方法，她所说的美国大片，丝丝连听也没听说过。因而，她们之间就像隔着什么。后来，小小无意间发现丝丝爱看的韩剧其实很有意思，也渐渐地爱上了看韩剧，说的话题自然也都是丝丝想听和愿意听的，最终她们越走越近，成为无话不谈的闺密。在与他人相处时，尤其是面对不太熟悉的人时，我们要想与他人顺畅地交谈，首先应该说些他人愿意听也感兴趣的话题。否则，如果你自顾自地说着自己的话题，但是他人却丝毫不感兴趣，你的谈话就一定无法继续下去。

聊天本身就是一个互动的过程，如果只聊自己，闭口不提别人的事情，就会让别人有一种被冷落的感觉。喜欢说话的人在与别人交谈中，通常只顾自己滔滔不绝，而忽略别人的交谈体验，这种人通常不会受到欢迎。相反，如果聊天时注意互动，注重聊别人的事情，给别人畅所欲言的机会，就会受到对方的欢迎。也许有人会问："我们怎样才能知道哪些话是他人想听的呢？"其实，只要我们认真仔细地观察，就一定会发现他人的倾向性。而且，与人交往切勿急于求成。当你愿意花费心思了解他人时，你就会发现你说出的话总是能够一语中的，在最短的时间内就打动他人的心，打开他人的心扉。正所谓"磨刀不误砍柴工"，这岂不是比你误打误撞好得多吗！

要让别人喜欢，不妨在聊天时多让别人聊，多聊一下别人，聊别人感兴趣的话题。聊天时，尽量别以第一人称交谈，而是多说"你"或者"他"，这样你就会发现，对方很愿意跟你接触，也愿意跟你做朋友，你的人际交往自然就会顺畅起来。

分享个人小秘密,消除陌生距离感

五点半一到,手里工作已经完成的同事们陆陆续续都回家了,办公室里只剩下素素和叶子。素素拿起电话拨了出去:"你下班了吗?晚上几点到家?什么……但是,我今天一大早就已经去早市买好了你爱吃的排骨、带鱼,我还定了个蛋糕呢!你到底什么时候能回家……好吧,好吧……就这样吧!"挂上电话,素素低头抹了抹眼泪,生怕被别人看见。原来,今天是素素的生日,素素一大早就起床去早市买了最新鲜的食材,只想着和老公一起过个生日。不想,老公不但忘记了她的生日,还安排了一个重要的应酬,又要到凌晨时分喝得醉醺醺的才能回家了。想到这里,素素又情不自禁地落泪。她跟老公结婚已经七年了,难道真的到了七年之痒了吗?素素已经厌倦了每天晚上都要在等待中度过的日子。

这时,叶子看到素素伤心的样子,关切地问素素:"亲,你怎么了?"素素赶紧悄悄地抹掉眼泪,反问:"下班了,你还没走啊?有什么工作需要帮忙的吗?"叶子摇摇头,佯装气愤地说:"今天的工作早就做完了,但是我回家也是孤孤单单一个人。我老公出差了,一年三百六十五天,不是出差,就是加班,要不就是应酬,我几乎每晚都一个人度过,无聊死了。"听到叶子的话,素素暗暗想道:原来,叶子和我同病相怜啊,她这么爽直,居然把私事都告诉了我。想到这里，素素难免对叶子产生了好感和信任，叶子又问："你今晚有事吗？要是没事，陪我一起去吃小龙虾啊！"就这样，素素和叶子对着一盆小龙虾，喝着冰啤酒，转瞬之间就成了无所不谈的好朋友。素素不但把自己的烦恼都告诉了叶子，还和叶子一起愤愤不平地声讨起男人来。素素不知道的是，叶子刚才说的其实并非完全都是真的，只是叶子很善良，看到素素伤心的样子，因而故意把自己的老公说得和素素的老公一样，这样才能名正言顺地陪伴素素度过一个失望的夜晚，也才能帮助素素倾诉出心中的苦闷啊！

在职场上，很多人都对同事怀着警惕和戒备心理，尤其是作为职场上的老人，更知道办公室不是谈论隐私的地方。所以，大多数职场人士都会清楚地区分工作与私事的关系，也很少与同事说起自己的隐私。叶子当然知道素素的心中所想，也知道素素的顾忌，因而她主动说出自己的苦恼，以此赢得素素的信任，打开素素的心扉，从而帮助素素排遣心中的苦闷。实际上，叶子使用的交流技巧适用于生活的很多方面。例如，当你想要亲近一个人的时候，你不妨说一些自己的小秘密，这样，对方原本存在的戒备和防范心理，就会因为你的坦诚相见而有所减弱。如果你所说的小秘密恰好能够引起对方的共鸣，则对方一定会对你敞开心扉，与你畅所欲言。

生活中，几乎每个人都有自己的烦心事。对于这些难言之隐，性格外向、开朗的人会选择和朋友说，性格内向、敏感的人则会深深地埋藏在心里。殊不知，人是需要发泄的。如果负面情绪一直不停地积压，就会导致人们的心理越来越阴沉，让人郁郁寡欢。因而，我们应该学会合理地发泄情绪。当然，人际交往中也是最忌讳交浅言深的。倘若交谈中的一方能够以付出一些小秘密的代价拉近交谈对象彼此之间的距离，那么交谈就会变得更加真诚和放松。水到渠成地，你与他人的交往也会更加亲密无间。

调整好宽容心态，体谅他人心理情绪

世界著名的成功学大师卡耐基无疑有着超高的情商，即使是在对待他人的出尔反尔时，他也能做到让双方皆大欢喜，取得圆满的结局。有一次，卡耐基在纽约的一家饭店租了宴会厅，准备在那里给学生们进行短期培训。因为这些学生要从全世界的各个地方赶来，所以卡耐基先与饭店经理确定好了一切事宜，才发出了通知。然而，正当他等着学生们赶来开课时，他突然接到饭店通知：租金暴涨了三倍之多。卡耐基并不想要增加费用，尤其是在很多事情都已经协商好且确定下来之后。经过慎重考虑，他找到饭店经理，说："我得到饭店的通知说要涨租金，感到非常遗憾。不过，我并不认为这件事情的责任在您，毕竟您也只是为了饭店的效益着想。但是我觉得关于涨租金这件事情，其实并非完全只有好处。接下来，如果您不介意，我想和您一起分析下利弊。"

接下来，卡耐基拿出事先准备好的纸，在一页纸上写"利"，在一页纸上写"弊"。利包括：租金增多，可以租给他人获取更高的收益；即使不出租，也可以空下来作为他用；在租给卡耐基的一个多月里，也许会错过其他条件更好的客户。弊包括：卡耐基付不起昂贵的房租，不得不另找地方做培训之用，饭店也会因此失去原本就要到手的租金收入；卡耐基的学员大多是来自世界各地的成功人士，饭店正好可以借此机会进行宣传，饭店的餐饮部生意也会随之火爆，而如果放在平时，饭店即使花钱做广告也未必会有这么好的效果。分析完利弊之后，卡耐基对饭店经理说："我希望您能够认真考虑下，我愿意多付30%的租金，继续我们的合作。"经过一晚上的思考，饭店经理次日通知卡耐基一切如常，租金只涨30%。

假如卡耐基一得知饭店要涨租金的消息，就怒气冲冲地去与饭店经理理论，甚至毫不留情地质疑饭店经理的决定，那么也许事情的结果就不会像现在这般美满。其实，饭店经理决定涨房租，肯定也是为了饭店的效益考虑，甚至只是为了执行上级的旨意，因而卡耐基首先设身处地为饭店经理考虑，没有先忙着生气。正因为如此，他才能平心静气地找到饭店经理，与之一起分析利弊，最终帮助饭店经理做出合理的选择，也最大限度地为自己争取了利益。

在生活中，每个人都会本能地从自己的利益角度出发，为自己考虑问题、争取利益，因而难免会触犯他人的利益，甚至为此引起他人的误解。在这种情况下，作为利益相关的一方，我们千万不要冲动地、不讲究方式方法地指责他人的错误，因为他人的错误也许在你看来是错误，在他们自己看来只不过是追求正当的利益。在很多情况下，你是出于好意，但是方式方法不恰当，也会导致对方恼羞成怒，甚至与你反目成仇，使事情的状况更加恶化。在这种情况下，我们必须站在他人的角度考虑问题，从而保持心态平和，和平解决问题，使得双方皆大欢喜。

因而，我们必须记住，没有人愿意被否定，更不愿意被批评。我们不是裁判官，不能轻易地判定他人的行为和做法。其实，指出他人的错误有很多种更加委婉和容易为人接受的方式，例如以幽默的方式给别人指出错误，不但能够达到目的，而且很好地顾及了他人的颜面，可谓一举两得。很多时候，人们之所以不愿意被批评和否定，主要是因为怕自己的面子受到损伤。

如果我们能在发表自己看法的时候保全他人的颜面，那么我们与他人的沟通一定会更加顺畅。

很多时候，一句同情、理解的话会深入对方内心，温暖对方，给对方以极大的安慰。没有人会一直一帆风顺，人总有遇到挫折和困难的时候；在这个时候，我们如果能得到别人的体谅与宽容，并给予恰当的安慰、鼓励、规劝，无疑就会让他人内心倍感温暖。

站在他人的角度想,换位思考体谅他人

乔乔和彤彤是大学时期的好友,也是真正骨灰级的闺密。在读大学期间,她们不仅同吃同住,还经常轮流穿一条裙子,同学们都说她俩像连体婴。大学毕业后,乔乔回到家乡的小县城当了一名小学老师,彤彤则背起行囊独自去深圳闯荡。从此,两个好朋友天各一方,只有彤彤回家探望父母时,她们才能匆匆地见上一面。时光荏苒,很快,几年的时间过去了,乔乔和彤彤都到了谈婚论嫁的年纪。乔乔经人介绍,认识了一个当公务员的男孩,很快就确定了恋爱关系,开始准备结婚。彤彤呢,因为不甘心太早被家庭负累,还想继续打拼几年。

乔乔和男朋友都没有太多的钱,但是为了结婚,他们开始准备买房。由于双方父母都是农村的,少有积蓄,因此即便两家都凑完了所有的钱,乔乔买房还是缺10万元。思来想去,她突然想起彤彤说每个月的工资是七八千,因而想到要跟彤彤借钱。乔乔认为,一个月七八千收入的人和他们这种每个月两千多的人相比,怎么也算富翁了。不想,接到乔乔的电话后,彤彤显得很为难。她说:"亲爱的,我要是说我月光,你信吗?""不信!"乔乔斩钉截铁地说,"你单身一人,怎么能花完那么多钱呢!"彤彤为难地说:"我真的是月光,现在手里的钱只够我吃饭的。你不知道,大城市开销很大的。"

乔乔有些不高兴地挂断了电话。从此，彤彤总觉得乔乔和她之间隔着些什么。等再次领到工资后，彤彤热情地邀请乔乔和男朋友一起来深圳玩，乔乔便把蜜月旅行安排在深圳。等到了深圳之后，乔乔才发现这里的生活和自己的生活完全不同。很难想象，彤彤只是租了一间三居中的主卧，每个月就要支付2 000元的房租，这都快赶上她在老家一个月的工资了。再看看交通吧，每天到那么远的地方去上班，每个月的交通费都要好几百。而且，大城市的确诱惑很多，一件漂亮的裙子居然要一千多块钱。更别说一日三餐了，什么东西都特别贵。看着彤彤花钱如流水地招待他们，乔乔心中不忍，说："真是不来不知道，一来吓一跳啊。我觉得自己就像井底之蛙，之前想着你一个月七八千，使劲花，也能攒下来一半吧。现在看来，要想维持正常生活，再买两件漂亮衣服，真的就月光了啊！"至此，乔乔才彻底地谅解了彤彤没有借钱给她的事情，彤彤心中也终于释然了。

作为一直在小县城生活的乔乔，根本无法想象大城市的高消费、快节奏和强压力。为了解开乔乔心中的结，彤彤拿到工资之后的第一件事就是邀请乔乔来度蜜月。直到真正在深圳生活，乔乔才知道彤彤说的月光丝毫不夸张。至此，她也能够做到真正设身处地地为彤彤着想了。在生活中，我们很难真正了解和理解他人的生活，因而彼此之间经常产生误解。虽然我们总是把"设身处地"挂在嘴边，但是如果缺乏相关的生活经验，则是很难做到设身处地的。正是因为清楚这一点，所以彤彤为了不失去闺密乔乔，只得狠心咬牙请乔乔夫妇二人一起来深圳度蜜月。她的方法很好，乔乔在切身感受深圳的生活之后，非常理解彤彤的拒绝，也很能感受彤彤所承担的压力。

对方反对你的提议，一般是因为他有自己的想法，如果他的想法尚有可取之处，最好的办法就是先表示认可，尽量了解对方是怎么想的。想要了解对方的心思，首先应该关注对方的心理变化。如此一来，我们才能站在对方的角度，换位思考。如果你想要对方接受你的建议，不要从一开始就试图兜售自己的观点。你要先接受对方的观点，并把自己的观点变成对方的观点，让他以为都是自己的想法。这样的话，让一个人接受自己的看法，一切都顺理成章了。

人与人之间的误解，在很多情况下都是因为互相不了解情况。而一旦误解越来越深，就会使人们的感情产生裂痕。在这种情况下，最要紧的就是能够设身处地地为他人着想，从他人的角度出发考虑问题，从而消除对他人的误解和埋怨。毋庸置疑，人际关系是非常复杂和微妙的，要想营造良好的人际关系，我们就必须用心维护友谊，也要学会很多相处的技巧。

正面争执最无效，迂回沟通是正道

因为下岗了，所以李大姐在小区的超市门口摆了个摊子，专门卖中幼童的服装。她周一到周五都不出摊，只等到周六日的时候出摊。因为超市门口就对着小区里的健身广场，所以周六日的时候人很多，大部分都是带着孩子玩耍的父母、爷爷奶奶们。因为人气高，所以李大姐的生意还算不错。这个周六，李大姐进了很多新货，吸引了很多带着孩子的年轻人和老人围着看，挑挑拣拣。有个大妈看中了一件黑色的T恤，带着黄色的装饰条纹，看起来很漂亮，也充满活力。她是想买给自己孙子的，她的孙子又高又壮，看起来虎头虎脑的。李大姐给大妈推荐了110码，说按照孩子5岁的年纪，穿这个码数是肯定没问题的。大妈很想买那件120码的，但是李大姐偏偏执拗地说："大妈，你就相信我吧，我卖了这么长时间的童装，还能不知道尺码吗。110码，6岁的孩子也能穿，更别说你家孙子才5岁了。"大妈有些不高兴地说："我孙子那么高大强壮，看起来就像是六七岁的孩子了，110码肯定小了。"李大姐依然说："肯定不小。你就信我的，买小了你再拿来找我退换都行。"大妈有些生气了，说："你这个人卖东西怎么这么死心眼啊！我自己的孙子穿多大衣服我不知道吗？我就想买120码的，你卖不卖啊？"李大姐也不高兴起来，说："你这个老人家也真固执，你说你要是买大了，孩子穿着也难看啊！"

正巧这时，大妈的儿媳妇带着孩子走了过来，大妈喊过孙子，气鼓鼓地说："来，我就试试110码的给你看，看看到底能不能穿。"果不其然，大妈把衣服套在孙子头上，在大脑袋那里就卡住了。大妈对李大姐说："你看看，这是能穿还是不能？"李大姐低声说："哎呀，这个孩子真是高大，看起来跟七八岁了似的。要不，你再试试120码的吧。"大妈拿过120码的衣服，给孙子穿上，果真刚刚好。这下子，李大姐什么也不说了。

作为卖衣服的人，李大姐其实完全没有必要如此认真地和大妈争执。毕竟她是有120码的，只能根据大妈描述的孙子的年纪、高矮胖瘦等给出建议，而不能强迫大妈必须买110码的。如果不是大妈的儿媳妇带着孩子走了过来，亲自试穿了衣服，则大妈肯定会因为李大姐的执拗而最终气愤不已，甚至放弃买衣服。如此一来，李大姐的好心岂不是做了坏事？如果李大姐能够改变思路，顺从大妈的意思卖给她120码的衣服，并且告诉大妈如果孩子穿得太大了，就等下个周末拿过来调换，也许大妈就能高高兴兴地买了衣服走人，甚至还会成为忠实客户呢！

生活中的很多时候，我们因为观念、出发点等的不同，常常与他人意见相左。在这种情况下，一味地否定他人，要求他人接受我们的观点，显然是不现实的。尤其是当双方因为坚持己见而产生争执时，往往事与愿违。在这种情况下，其实如果我们能够改变思路，顺着对方的意思说下去，然后再选择合适的时机表明自己正确的观点，那么效果一定会好得多。毋庸置疑，让他人接受我们的观点、成功说服他人是社交上的一门学问，绝非靠着强迫就能使对方驯服的。我们只有掌握对方的心理，以正确的方式打开对方的心扉，以适宜的方式表达我们的观点，才能事半功倍。

抓住兴趣切入点，有效沟通并不难

最近，李艳的心情很不好，因为她接到老师的电话，说她的儿子——张宇最近上课注意力极其不集中，而且也不遵守课堂纪律，下课的时候更是与其他同学打闹，几乎没有一天不闯祸、不挨批评的。老师实在没办法了，只好把这个"皮球"踢给李艳，让她多多管教张宇。其实，李艳知道张宇为什么变化这么大，这一切都是由父母离婚导致的。原来，李艳的老公——张少鹏在外面与其他女人有染被李艳发现了，李艳一气之下提出了离婚。对两个成年人而言，离婚也许只是深思熟虑之后的一纸手续，但是对孩子而言，却意味着家庭的破碎。因而，张宇很不理解父母为什么要离婚，心态渐渐产生了变化。李艳原本想向张少鹏求助，让他多与孩子接触，带孩子出去玩，但是一想到这个问题并非一朝一夕能够解决的，作为孩子监护人的李艳最终还是决定自己解决问题。

一个周末，李艳准备与张宇好好谈谈，不想，张宇根本不配合，始终低着脑袋，一声不吭。看到张宇的样子，李艳觉得很难受，怎样才能打开孩子的心扉呢？李艳一筹莫展。一个偶然的机会，李艳得知张宇最崇拜的歌星——周杰伦要来开演唱会，因而高兴地问他："你喜欢周杰伦吗？我有个好消息想告诉你。"张宇点点头，说："喜欢。要是我也能有一根双节棍，就好了。"李艳以兴高采烈的口吻说:"要是妈妈送你一根双节棍,而且带你一起去看周杰伦演唱《双节棍》,你觉得如何?"张宇的眼睛瞬间亮了起来,但是马上又暗淡了,他说:"周杰伦演唱会的门票很贵的。"李艳慷慨地说:"没关系,妈妈买得起。就这样决定吧,你挑选一根双节棍,妈妈帮你买单。另外,妈妈再请你去现场听周杰伦的演唱会。"

张宇一蹦三尺高,李艳趁热打铁说:"你能告诉妈妈,你为什么喜欢周杰伦吗?"张宇笑着说:"周杰伦长得很帅,而且他特别有才华,自己作词、作曲,简直太厉害了。"李艳又问:"那你知道周杰伦的故事吗?"张宇摇摇头。李艳说:"周杰伦小时候学习成绩并不好,还经常不及格呢!但是他在音乐方面很有天赋,而且他始终坚持自己的音乐梦想,最终才能够成功。妈妈也从未要求你一定要在学习方面非常优秀,只是妈妈希望你也像周杰伦一样,找到自己人生的梦想,好吗?或者你只需要坚定不移地做你感兴趣的事情,妈妈就会毫无条件地支持你,就像当时周杰伦的妈妈支持他学习音乐一样。你觉得怎么样?"张宇这才小声地说:"我喜欢打篮球。"李艳欣喜地喊道:"那当然好啊!男孩子打篮球的样子最迷人了。你大概不知道吧,周杰伦在高中的时候弹钢琴和打篮球的样子迷倒了很多女孩呢!希望我的儿子也能这么与众不同。""你真的支持我打篮球?"张宇迟疑地问。李艳坚定地点点头,说:"我会给你报名参加专业训练班。不过呢,你要是想在篮球这条道路上走得很远,甚至考进体育大学,你还是要尽力让文化课及格啊!这样,你才能在梦想的道路上越走越远。"经过这番长谈,张宇知道妈妈是支持自己打篮球的,觉得很高兴。出于对篮球的热爱,他努力地学习文化课,不再是那个处处调皮捣蛋的大男孩了。当然,他也因为妈妈的支持,而与妈妈结成了同盟军,每当有了烦心事或者高兴的事,他都会主动地告诉妈妈呢!

很多青少年的心理问题都让父母头疼不已,尤其是现代社会的离婚率节节攀升,很多孩子在单亲家庭中生活,心理问题日益严重。有些孩子甚至因为对现实不满意，而把自己封闭起来，不再向关心、爱护他们的父母吐露心声。在这种情况下，父母要想成功地打开孩子的心扉，就必须从他感兴趣的人或者事情入手，从而成功地与孩子展开交流。

当然，针对不同的交谈对象，我们也要适时地调整话题。例如，我们和孩子交谈的时候就说些他们感兴趣的话题，关于追星，关于玩乐；如果是和老人交流，就应该说些老人愿意畅谈的话题，诸如医疗，诸如养老等。在职场上，虽然我们的同事大多年纪相仿，但是每个人都是独具特性的。因而，我们要想与同事更好地交流和相处，首先应该了解他们的兴趣爱好，然后以此为切入点，说些他们感兴趣的话，最终成功地打开他们的心扉，打开他们的话匣子。任何人之间的关系从来不是一成不变的。要想与每个不同的个体交好，我们就必须因人而异、因时而异，这样才能最大限度地投其所好，成功地与他人交往。

好汉也提当年勇，你要学会搭梯子

歌阳是一名报社的记者。最近马上要到国庆节了，报社安排歌阳做一个老革命专版，专门采访那些德高望重的老革命，挖掘出一些不为人知的新故事，所谓"旧瓶装新酒"，把每年国庆都大概相似的版面做出与众不同的特色来。接到任务之后，歌阳就开始按照名单登门拜访那些老革命。不过她很纳闷地看到，领导给她的名单上，有个八十多岁的老革命的名字下面，被画上了下划线。歌阳问："领导，这是什么意思？需要特别对待吗？"领导笑着说："这个老前辈脾气有些古怪，轻易不愿意接受采访。如果你能让他接受采访，听一听他口中的抗日战争，你就算捡到宝了。"从领导这里知道这些最基本的信息之后，歌阳心中有数了。她一边按照名单采访那些老革命，一边从各个渠道收集领导所说的那位脾气古怪的老革命的资料。歌阳渐渐知道，这位老革命自从从革命战线上退下来之后，就没有给国家添负担，而是选择回到家乡为人民服务。因此，虽然他在部队里的职位很高，但是现在却默默无闻，过着平淡的生活。不过，他有一个爱好，就是钓鱼。为此，歌阳精心准备了一副渔具后，就向着老革命所在的县城出发了。

听了歌阳的来意，开门的保姆马上表示推辞，说："叔叔不喜欢被人打扰，请您回去吧。"歌阳笑着说："我今天并不是来打扰他的，我想送给他一份礼物,他肯定喜欢。"保姆半信半疑,去征询老革命的意见,老革命显然有些好奇,因而亲自走到门口。得见泰山真面目,歌阳马上拿出提前准备好的渔具,说:"老前辈,我是来陪您钓鱼的。"就这样,歌阳顺利地与老前辈交谈起来。当歌阳问起老前辈为什么喜欢钓鱼时,老前辈感慨地说:"记得那年冬天,敌人把我们逼入绝境,队伍在深山老林里转来转去,缺衣少食。突然间,我们发现了一个池塘。因为天气寒冷,所以大家都不敢下去摸鱼。我就找来一根竹竿,又挖了很多蚯蚓,开始钓鱼。不想,那个深山里的池塘也许是因为人迹罕至吧,所以有很多鱼。我就用最粗糙、简单的工具,钓上来足足十几条鱼,每条都有几斤重,最重的那条差不多得有十斤。在那个年代,这可是人间美味啊!炊事员用这十几条鱼,给我们熬了一大锅鱼汤,那是我这一辈子喝到的最鲜美的鱼汤啦!"说完,老前辈眼圈都红了,似乎又回到了那个艰苦卓绝的年代。

歌阳感慨地说:"那个年代创造了多少奇迹啊。您一定很想念您的战友吧!这么多年过去了,您和曾经同生共死的战友又见过面吗?"歌阳的这个问题再次把老前辈带入沉思,他平静下来之后,给歌阳讲述了很多关于抗战的故事,也表达了想要与战友重逢的迫切心情。老前辈的心愿给了歌阳启示,她向报社申请把这些老前辈都集合起来,让他们进行一次新中国成立60周年的大联欢。结果,这个义举在全社会都引起了强烈反响,报社也一炮而红。

曾经在战场上的浴血奋战,已经习惯了和平盛世的老前辈显然不想再提。但是,歌阳的一根鱼竿,打开了老前辈的心门,让老前辈开始回忆起那些与战友们一起经历的艰苦卓绝的岁月。的确,有些记忆只是被尘封,却丝毫不曾褪色。就这样,歌阳申请报社举办革命同志的聚会,最终把原本按部就班的国庆节过得风生水起,在全社会引起了热烈反响。这一切,都是因为歌阳给了老前辈一架"梯子",让老前辈想起了那些经风历雨的血色岁月。歌阳也给了老前辈一个机会,回忆他们的战友情深。

人们常说"好汉不提当年勇",其实很多好汉都很愿意提一提当年勇,尤其是在想起那些年曾经与自己一起携手并肩的人时。毫无疑问,歌阳采访的切入点是非常独特的,所以才能顺利地让老前辈接受采访,并且诉说起来意犹未尽。在我们需要与前辈或者不太喜欢说话的人沟通时,我们不妨就从他最得意的事情说起,给他充足的时间尽情地回忆和讲述。人的情绪总是有感染作用的,当他兴致盎然时,你也就能与他顺利地交谈,甚至还会让他对你们的交谈意犹未尽呢!

表达主见有技巧，谈笑风生见真章

帅帅今年正在读高三，还有几个月就要参加高考了。因而，父母都开始考虑他填报志愿的事情，并且一致主张让他学习法律，成为一名威风凛凛的律师。但是，帅帅却有自己的想法，他最想成为一名救死扶伤的医生。对于帅帅的想法，父母并非完全不知道，但是他们却说："帅帅，医生整天和生老病死打交道，多么难过啊！而且，医患纠纷这么严重，万一你当个医生再被患者家属揍一顿，那可怎么办呢？难道你没看到前段时间网上的新闻吗？一个护士被患者家属打了一拳，都流产了。这太可怕了，医生现在都成了高危行业了。"当时，因为填报志愿的时间还没到，所以帅帅并没有认真地和父母辩解。不过，眼下时间越来越紧迫了，帅帅准备认真地和父母谈一谈。就这样，在帅帅的召集下，全家人第一次就帅帅的志愿填报问题举行家庭会议。

父母的意见依然如常，妈妈激动地说："帅帅，当律师多好啊！不但社会地位很高，而且很威风呢。你看电视节目上的那些律师，走到哪里不是受人尊重的呢！我觉得，你要是当了律师，爸妈脸上都增光彩啊！"帅帅一本正经地说："妈妈，我更想成为一名医生。"爸爸又插嘴说道："你大姨夫就是医生，他说大多数医生都有慢性病，都是被病人传染的呢！"帅帅笑着说：

"爸爸，大姨夫都多大年纪了，他在哪个年代当医生啊。现在医院里的卫生条件多么好，怎么会被病人传染呢！其实，我想当医生也是为了你和妈妈。你想啊，人吃五谷杂粮，哪有不生病的呢。要是我当了医生，你和妈妈老了万一有个头疼脑热的，那可就是'太上皇'的待遇啦！你们不但有私人医生，还足不出户呢！"听了帅帅的话，父母都笑了。帅帅趁热打铁继续说："其实你们不知道，律师行业是有很多黑幕的。我同学的爸爸就是律师，每到逢年过节就有人给他送礼，我可不想成为这些人的帮凶。"说完，帅帅深深地叹了口气，说："我觉得当医生比当律师纯粹多了，即使被揍一顿也无所谓，归根结底，不是所有的患者家属都打人的吧。"看到儿子虽然表面上笑嘻嘻的，但是心中却很坚决，父母也就不再强求了。爸爸理解地说："好吧，那就按照你的意愿填报吧。我和你妈其实也知道，你应该选择你真正喜欢的行业，这样才能有所建树。希望你能成为一个让我和你妈都引以为傲的医生。"帅帅当即立正敬礼，说："谢谢民主的好爸好妈，我一定会努力的。"

帅帅一心一意想学医，不过，面对父母主张他学习法律，他并没有激烈地反对。帅帅很聪明，知道父母不管有怎样的设想，出发点都是为了他好。因而，他用委婉的态度向父母表达心意，并且告诉父母自己坚定不移地想学医。这样一来，他就成功地避免了与父母之间的冲突，也阐明了自己的想法。只要是稍微开明的父母，就能够意识到孩子的职业选择是关系到一生的重要事情，因而必须是孩子真正感兴趣的，强求不来。在了解了帅帅的真实想法之后，父母表示了妥协，既接受了帅帅的选择，也尊重了帅帅的人生理想。

在生活中，我们在很多事情上都会与他人意见相悖。在这种情况下，如果马上情绪激动地反驳他人，把他人当成是阶级敌人一样对待，就会导致彼此的关系恶化。其实，表达主见也是有技巧的，我们既可以义正词严地说，也可以谈笑风生地说。只要我们采取恰当的方式表达自己的观点，也不伤害对方的好心和颜面，对方就一定会理解并尊重我们的观点。总而言之，偏激的方法是很难沟通到位的。在任何时候，我们都要不温不火，这样才能成功地解决问题。尤其是在与他人交流的过程中，我们必须保持心平气和，这样才能既坚持自己的态度，也让别人接受你的选择。

第五章

移情换位，
与咄咄逼人的客户也能谈下去

　　每个人都是有血有肉的感性动物，每个人都会被真情实意所打动。在工作与生活之中，我们难免会遇到与他人意见相左的时候。在任何时候，我们的说服都应该以与对方友好相处为出发点，千万不要本末倒置。为了说服对方而与对方反目成仇实在得不偿失。如果我们能够运用真挚的感情和诚恳的语言来打动对方、说服对方，就能让沟通变得不急不躁、温馨舒适。

知己又知彼，才能一招制胜

作为一名二手房销售人员，小鱼的业绩在公司里始终名列前茅。虽然刚刚毕业几年的时间，但是他在为人处事和工作方面，看起来都比同龄人成熟很多。尤其是在对待客户的时候，小鱼更是有自己的撒手锏。在一次经验分享会上，当同事们问起小鱼是如何把握客户心理时，小鱼轻描淡写地说："其实，和客户相处并没有咱们想象的那么可怕。很多人把客户当成是自己的上帝，一看到客户就胆战心惊，是完全没有必要的。首先，我们是客户的置业顾问，为客户安家尽自己的能力，我们是服务于客户的。其次，我们首先要做的并非是推销产品，而是了解客户。只有我们把客户当成朋友，在了解客户的基础上，做到与客户'共情'，想客户之所想，急客户之所急，设身处地地为客户解决难题，客户才能够信任我们。比如有一次，一对年轻夫妇跟我看房子，妻子看上了一套三居室，但是丈夫却显得非常为难，觉得买三居室压力太大。这时，我就告诉客户说：'现代社会，生活和工作的压力的确很大。我是建议客户买房不要影响正常的生活，毕竟生活质量是很重要的。不过呢，如今房子涨幅很大，在有能力的情况下，最好还是一步到位，否则等到孩子长大了，需要换房了，却发现要多付很多钱。总之，买房一定要根据家庭情况，毕竟房子再大也不能保证一定会获得幸福啊！'听了我的话，原本和丈夫闹别扭的妻子不再纠结，决定先买两居室，因为他们买两居室就已经很吃力了。"

听完小鱼的分享，同事们全都敬佩地鼓起掌来。原来，他们之中的很多人为了多赚佣金，都会极力推荐客户买大房子，但是如此一来，客户往往因为能力不足，最终选择放弃。而只有充分了解客户的需求，真正站在客户的角度为客户着想，替客户解决问题，才能赢得客户的信任。

小鱼的销售技巧，其实非常简单，简而言之，就是与客户产生"共情"。所谓"共情"，就是我们日常所说的"同理心""同感"。当人们彼此觉得与对方心有灵犀时，交谈毫无疑问是非常愉悦的。同样的道理，此时此刻，对于他人的说服，对方也会非常乐于接受。由此可见，同理心、共情，能够帮助我们在最短的时间内实现说服他人的目标。

当然，要想百战不殆，最重要的就是知己知彼。对陌生人而言，我们要想与他更融洽地交流，就必须尽快了解他，找到能够与他产生共鸣、共情的话题。否则，"驴唇不对马嘴"的谈话是很难起到立竿见影的效果的。朋友们都知道美国实行的是民主选举制，即便是总统，也通过竞选产生。因而每到选举季，总统候选人都会走入民众之中发表演讲，他们无一例外地都从关系到民生的问题着手，极力与民众产生共情，最终成功说服民众把宝贵的一票投给他们。可以说，只有得到民心的人才能从选举中胜出，当上总统。这就告诉我们，成功的先决条件就是说服民众，得到民众的接纳、理解和支持。

在生活中，说服无处不在。即便是家庭主妇去市场买菜，要想成功砍价，也要说服卖菜的人才行。需要注意的是，在说服他人之前，我们必须有充分的自信。其中的道理显而易见，因为如果我们想要说服他人一件事情，但是我们本身却并不认可这件事情，那么即使我们巧舌如簧，最终也难以如愿以偿。我们只有充分自信，坚定不移地相信自己，才能以切身的强大力量说服他人。这种影响力,绝非是仅凭三寸不烂之舌就能做到的。古人云:"知己知彼,百战不殆。"这在当今社会的生活中,依然是制胜法宝。

啰唆和唠叨，让事情更加南辕北辙

芹芹今年15岁了，正在读初三。青春期的孩子果然与父母是敌人啊！这不，芹芹最近为了学习的事情与妈妈闹了好几天的别扭。"屋漏偏逢连夜雨"，偏偏老师又打电话给妈妈说芹芹有可能早恋了，这把她和妈妈的关系推向更尖锐的冲突中。和老师见面之后，妈妈第一时间打电话给爸爸。听到妈妈说了情况后，爸爸赶紧叮嘱妈妈先不要和芹芹提起这件事情，一定要等到他出差回来之后再说。不想，妈妈是个急脾气，当天晚上就"审问"芹芹。"芹芹，现在正是初三关键时刻，你怎么能早恋呢？"芹芹不假思索地反驳说："早恋？你从哪里得来的消息？"妈妈一本正经地说："你别管我是从哪里得来的消息。总而言之，你不要早恋就对了。谈恋爱，最快也要到大四的时候，否则耽误的就是一辈子的前途啊！"芹芹厌烦地看着妈妈，一语不发地回到自己的房间。不想，妈妈从此就开始像唐僧对待孙悟空一样，动不动就开始念"紧箍咒"："芹芹，不要早恋啊！大学时期的爱情才美丽呢！过早恋爱，只有苦果！"如此听到妈妈反复不停地这么说，芹芹越来越反感，终于有一天忍受不住了，大声喊道："既然你这么盼着我谈恋爱，我就谈个给你看看，顺了你的心！"听到芹芹这么说，妈妈气得呜呜直哭。幸好，爸爸当天晚上出差回来了。

爸爸批评妈妈没有等他回来商量下就擅自行动,并且决定自己和芹芹认真地谈一谈。晚上,芹芹正在复习功课,爸爸走进她的房间,说:"芹芹,最近爸爸不在家,你和妈妈相处得怎么样?你的学习还顺利吗?"芹芹有些反感地说:"妈妈一定已经向你告状了吧?"爸爸笑着说:"我更愿意听听你怎么说。"芹芹有些怀疑地看着爸爸,问:"你真的愿意相信我?"爸爸重重地点点头,说:"当然啊。"芹芹这才一五一十地把事情说了一遍,并且保证自己和那个男生只是普通朋友。爸爸毫不质疑,笑着说:"爸爸相信你能处理好个人的感情问题,就算真的是彼此有好感,对花季的少男少女来说也是正常的。而且你们只要处理好纯真的友谊,就不会影响学习的,说不定还能相互促进呢。"听了爸爸的话,芹芹由衷地笑了,说:"爸爸,谢谢您信任我。我那天说要早恋只是为了气妈妈,只要她不唠叨,我保证不早恋!"爸爸疼爱地摸了摸芹芹的头,说:"你这个鬼精灵!放心吧,爸爸会让妈妈也放心的!"在爸爸的安抚下,妈妈也从焦虑中解脱出来,全家的生活又恢复了和谐。

青春期孩子的早恋问题,历来都是父母非常头疼的问题。很多父母视早恋如同洪水猛兽,恨不得将其扼杀在摇篮里,宁可错杀一千,也不放过任何风吹草动。更有很多父母,一旦发现苗头,就会不停地唠叨,恨不得一日念叨三遍。如此,只会导致青春期的孩子更加叛逆,甚至导致他们真的早恋。这样的事与愿违,相信是每个父母都不愿意看到的。事例中的爸爸,在妈妈唠叨得芹芹不胜其烦之后,采取了温和的态度,给予了芹芹充分的信任,这才消除了妈妈的唠叨导致的反面影响。其实,不只是青春期的孩子,任何人都不喜欢被质疑,更不喜欢被反复地唠叨。唠叨,不仅透露出一种不信任,更是对人心智的折磨。就像孙悟空,为什么唐僧一念经他就头疼呢?被紧箍咒紧是一方面的原因;放在现实生活中,心中不堪其扰、心神不宁,也是一方面原因吧!

在很多情况下,能否说服一个人的关键并不在于我们是否无数次地重复某些话，而在于我们能否明确地表明自己的态度和立场，从而让对方感受到你的坚定不移，也清晰地把握你的诉求。唠叨是很折磨人的，一旦激起他人的逆反心理，就会让事情更加南辕北辙。因而，我们必须控制唠叨的欲望，给他人一个清净的交谈环境。古人很早就说过，"一字千金，掷地有声"。我们不难看出，只有一语中的，才能把话重重地说到对方的心坎儿里。相反，如果喋喋不休，则只会使你的话失去分量，变得轻飘飘的，甚至连他人的耳朵都进不了。不管出于什么目的的交流，我们都要学会简明扼要地表达自己，这样才能事半功倍，也让人耳清心明。

真正的说服,并不仅依靠口舌争锋

作为一个18岁的大男孩,皮皮独自远渡重洋,来到美国读大学。一个人孤身在外,虽然父母给的生活费很富裕,但是皮皮非常节俭,因为他还想趁着休假的时候四处走走看看呢!因此,他在学校附近租了一间小小的公寓。虽然公寓很小,但是价格可不便宜。因为这里的公寓常年供不应求,根本不愁没有学生来租住。至今为止,皮皮已经在公寓里住了两个多月了,他与房东相处得非常好,他不但把公寓打扫得干干净净,而且得到了邻居们的一致好评。但是,皮皮却突然给房东打电话说要退租,房东很意外,赶紧赶到公寓想当面问问皮皮为什么不继续租住了。

房东问:"皮皮,最近两个月我们相处得很好啊,而且我也听邻居们说了你是个非常好相处也很懂礼貌的人,他们都很喜欢你。"皮皮表现出为难的样子,说:"房东大叔,我当然愿意在这里继续住下去。这里不但离学校很近,方便上下学,而且您配置的家具、电器也都很实用。只是我实在不好意思和您张口,我家里有些事情导致经济紧张,我可能无力继续支付房租了。"房东关切地说:"那么,你住到哪里呢?"皮皮诚恳地说:"我准备去远一些的地方租套公寓,这样至少能省下一半的房租。我很高兴认识您,在您的公寓里住的这两个月,是我最开心的日子。"房东想了想,说:"这样吧，皮皮，我把你的房租降低三分之一，你看行不行？这样呢，和你去远一些的地方租住差不多少，你也省得搬家了，也能省下一笔搬家的费用。"皮皮当然求之不得，他高兴地说："房东大叔，您真的愿意给我减免一部分房租啊？太感谢您了，真的，您将会是我一生的朋友，我不会忘记您的好心。"就这样，皮皮以减免三分之一的房租继续住在舒适的小公寓里，他呢，也就省出了一部分钱可以为自己假期的旅游买单了。

皮皮非常聪明，对于这套他一见钟情的小公寓，他在最开始决定租下来时，并没有和房东大叔脸红脖子粗地砍价；相反，他先住了进去，而且各个方面表现都特别好，也得到了邻居们的一致好评。接下来，他才佯装要搬家的样子，当然，也许不是佯装，也许房东大叔不给他便宜的话，他就真的得搬家了。总而言之，这点小小的狡黠我们还是可以接受的。听到他提出的搬家请求，房东大叔当即赶去公寓，与皮皮见面。听了皮皮的诉说，房东大叔不愿意失去一个这么好的房客，主动表示给皮皮减少三分之一的房租，从而帮助皮皮缓解燃眉之急。

皮皮之所以能够成功，是因为他从未与房东大叔针锋相对，而是诚恳地摆明自己的困难，而且并没有提出任何不情之请。对于这样一个聪慧懂事的大男孩，而且他还深得邻居们的喜爱，房东大叔当然不愿意让他离开。就这样，皮皮顺利地达到了砍价的目的，也以自己希望的价格成功地继续租住舒适的小公寓。我们可以想象一下，假如皮皮在一开始的时候就对房东百般抱怨，诉说房子的各种不好和他对房子的不满意，那么房东大叔又怎么会以降低房租的方式争取留住皮皮，让他继续住下去呢？在生活中，很多人都有一个误区，即觉得说服他人就一定要针锋相对、片言不让。其实，说服的方式有很多种，这样的退让和乖巧，也能很好地说服他人。最终，皮皮不但以这种方法成功地说服房东大叔降低租金，而且让房东大叔对他印象更好，可谓皆大欢喜。

先表达认同，建议更容易被接受

眼看着蒂娜就要大学毕业了，父母开始为她的前途考虑。当然，蒂娜是个年轻的女孩，而且很开朗，有野心，她一心一意想要去大城市打拼，实现自己的梦想。然而，蒂娜的父母老来得子，如今都已经六七十岁了，因为全都希望她留在身边，所以父亲甚至开始动用关系为她安排工作。为此，蒂娜几次与父母发生冲突。不管父母怎么说，蒂娜都坚定不移地要走出去，看看外面的大千世界。无奈之下，父母只好央求蒂娜的表哥来做说服工作。原来，蒂娜从小就和舅舅家的表哥关系好，平日里遇到拿不定主意的时候，也会找表哥帮忙出主意。如今，蒂娜父母的所有希望都寄托在表哥身上了。

表哥特意挑选了一个周末，把蒂娜约出去一起游玩。午餐时，表哥问起蒂娜毕业后的打算，蒂娜马上警惕地说："是爸爸妈妈让你来当说客的吧？"表哥摇摇头，说："虽然他们的确拜托过我这件事，但是我并不打算说服你。我很理解你的想法，毕竟咱们这是个小小的地级市，可供年轻人发展的空间太小。看着现在的你，我就想起了当年的我自己。当年，我也和你一样迫不及待地想要飞出去，最终却因为妈妈意外生病而改变了注意。""生病？"蒂娜疑惑地问，"但是我看舅妈身体很好呀！"表哥摇摇头，说："你看的是表面。当年，她突然得了脑梗，差一点儿就没命了。幸好我在家，及时把她送到医院，还算抢救及时，如今才没落下什么毛病。"蒂娜沉思片刻，说："看来我离开家之前得陪着爸爸妈妈做体检。"表哥笑着说："体检只能保证他们在体检的那一刻身体无恙。当初，我都已经买好车票、收拾好行囊了，突然想到，我人在千里之外，父母万一有点儿什么事情，又该怎么办呢？人啊，不服老不行，再能干的人，也抗不过衰老。但是，外面的世界真的很精彩，相信每一个笼子里的鸟儿都想飞出去看看吧！"

经过和表哥一番闲谈，蒂娜当即就约了体检，准备赶紧带着爸爸妈妈检查身体。真是不查不知道，爸爸妈妈的身体居然都有问题。爸爸患了脂肪肝，妈妈则一直都是个心脏病患者，蒂娜却从来不知道。思来想去，再想想表哥说的话，蒂娜改变了主意，决定守在父母身边。

蒂娜的改变，并非是因为父母苦口婆心地劝解和哀求，而是因为表哥的认可与感同身受。人，都是有叛逆心理的。在很多时候，越是得不到的东西，越是不能放开手脚去做的事情，对我们的吸引力就越大。在这种情况下，一味地阻止并不能让事情有任何改观，只有深有同感地对他表示认可，才能使他敞开心扉接纳我们的意见和态度。正是因为表哥的认可，所以蒂娜才不再叛逆，能够冷静下来听听表哥是怎么说的。也正因为她认真地思考了表哥的话，带着父母去体检，所以她才能最终改变主意，留在年迈的父母身边。尽管现在国门开放，很多西方思潮都在潜移默化地告诉人们，子女与父母应该各自有各自的生活；但是中国几千年的孝道告诉我们，养儿防老，身为子女，必须在父母需要的时候出现在他们的身边。唯有如此，我们才能更好地迎接和面对人生。

在说服他人时，我们理所当然是否定他人观点的，因而才想把自己的观点灌输给他人。需要注意的是，这种否定千万不要直截了当、不加掩饰地说出来，不然很有可能导致对方恼羞成怒，甚至是拂袖而去。在说服他人的过程中，我们首先应该认可他人。毕竟，因为每个人的情况不同，所以每个人待人处事都有自己的出发点和利益思考点。在这种情况下，我们不能武断地判断对错，唯有最大限度地理解和认可他人，才能得到他人的信任，使自己的说服工作进展得更加顺利。面对他人的心，就像面对一扇门。如果我们一开始就以否定使这扇门关上了，那么我们又如何得到这扇门的欢迎，进而走进这扇门里畅所欲言地表达自己呢？由此可见，认可他人，博得他人的信任，让他人敞开心扉迎接你，对于说服工作的进展是至关重要的。

情况各异时，见风使舵也无妨

作为一名医药代表，露西的工作就是拜访各家医院的医生，推荐他们使用她所在公司的新药。露西从最开始的总是被拒之门外，到后来成为最受欢迎的医药代表，也是费了一番努力的。

要说露西的优点，最显著的就是"见风使舵"。当然，这里的"见风使舵"与两面三刀、言不由衷是不同的。简单地说，露西很会察言观色，总是能够根据千变万化的现实情况，做出最合理的选择。尤其是在与他人交流时，露西总是能把话说到他人心里去，而丝毫不会引人反感。例如，露西近来接连几天都拜访同一家医院的同一位医生。这位医生是位美女，每次见到露西都是板着脸，对露西频频的拜访无动于衷。露西没有放弃，在一天中午，她带着自己精心熬制的银耳羹来到医院。她笑着对这位和自己同龄的美女医生说："美女，今天我不是来谈工作的，你不用赶我走。前几天，我看到你脸上有痘痘，就为你精心准备了我的败火利器——银耳羹。这个银耳羹可不是普通的银耳羹。因为煮银耳的汤汁是我精心熬制的冰糖雪梨汤，所以，这个特别败火。我每次只要痘痘一冒头，就喝一碗银耳羹，效果立竿见影，痘痘消失无踪。尝尝吧，保证你喝了还想喝。"看到与自己年纪相仿的露西如此细心，美女医生也不能板着脸了。为此，她拿出自己的便当与露西一起分享。就这样，露西与美女医生很快就打得火热。

后来，露西得知美女医生已经怀孕两个多月了，赶紧表示祝贺，美女医生却有点儿遗憾地说："哎，我的预产期是9月8日。要是早点儿生就好了，可以早一年上学。"露西接口道："晚一年好啊！孩子更成熟。我跟你说，我家孩子的班级里有个孩子是8月31日出生的，明显显得呆头呆脑的。"这时，美女医生笑着说："我就比其他孩子早两年上学……"露西有点儿尴尬，但是马上说："你可真厉害啊，你早两年上学，居然还考上了医学院，这么聪慧的基因遗传给孩子，孩子将来得多么优秀啊！"美女医生由衷地笑了，说："你的银耳羹真的很好喝。我会试着帮你推广新药的。"

如果你曾经接触过医药代表的行业，你就会知道这个行业的竞争多么激烈，而从业人员又承担着多么巨大的压力。幸好，露西有"见风使舵"的本领，不管推销对象说些什么，她都能应对自如。也正因为如此，她才能顺利地开展工作，并且取得骄人的销售业绩。

作为人际学大师，卡耐基对人际相处研究得很深入，也深谙人与人交往的奥秘。当听到很多学员都反映为处理人际关系而焦头烂额时，他总是告诉学员们一定要学会灵活地运用语言。卡耐基认为，不管是剑拔弩张的对决谈判，还是轻松、惬意的朋友交谈，抑或是口若悬河的演讲，只有恰到好处地掌握语言，才能让一切更加顺利。尤其是在说服他人的过程中，因为说服他人时，我们不可避免地会与他人站在相对对立的立场上，所以即使我们再怎么设身处地地为他人着想、极力认可他人，也不能改变我们与他人的对立关系和态度。正因为如此，说服的过程中总会有很多突发的事情，导致情况瞬息万变。我们唯有学会"见风使舵"，根据实际情况决定自己接下来说些什么或者做出怎样的决定，才能更好地说服他人，从而达到事半功倍的效果。

自古以来，人们就创造了很多关于说话的俗语，各种俗语虽然表达各异，但是道理却有异曲同工之妙。诸如，会说说得人笑，不会说说得人跳；

有智慧的人说活话，一根筋的人说死话。再看看古今中外，大多数的成功人士之所以能够振臂一呼、应者云集，就是因为他们有着杰出的口才，能够以语言的魅力成功领导他人。我们说话，不但要根据场合，也要针对特定的对象，更要区分话题。而即使在相同的场合，根据交谈对象的细微变化，我们也应该及时调整谈话的思路，这样才能说对话、说好话。总而言之，说话是一门艺术，说服他人是一种技术。我们唯有怀着艺术的情怀，熟练做好技术，才能"见人说人话，见鬼说鬼话"，把每一句都说到他人的心坎儿里。也许有人会觉得这很难，但是一切就怕用心。当你用心地与他人相处时，你的"见风使舵"也就水到渠成了。

适时的退让，才能让你反败为胜

近来，为了解决孩子的上学问题，小雪一直在看二手的学区房。她前前后后看了两个多月，几乎每个周末都是在中介的陪伴下看房度过的。她好不容易相中了一套靠近学校的小房子，而且也给了房主10万元订金，但是房价飞涨，在她办贷款手续的过程中，房主居然坐地涨价，要小雪再多支付20万元的房款。对此，手里拿着白纸黑字合同的小雪当然不愿意。然而，房主就是用各种理由拖延，不配合过户。无奈之下，小雪只好咨询律师，得知如果打官司，则至少也得半年的时间。对孩子急需入学的小雪而言，实在是等不起。最终，在中介的协调下，小雪决定和房主见一面，好好沟通。

和上次签合同的谈笑风生相比，这次谈判在还没有开始之前，就已经被凝重的气氛笼罩了。小雪先发制人，笑着说："张大哥，您也知道我买房是为了孩子上学，既不是投资，也不是出租，而是纯粹的上学需要。我也知道最近房价涨了一些，不过您看，咱们当初可是白纸黑字写好的。"房主有些尴尬，为难地说："不是我想出尔反尔，实在是我要买的房子也涨价了几十万元。所以，请你一定体谅我。你可以问问中介，我这套房子在你办贷款这两三个月里，涨了至少40万元。我也是觉得你都付我订金了，所以只让你加20万元。不然，我只能说抱歉了。"小雪诚恳地说："张大哥，我现在要是有

第五章 移情换位，与咄咄逼人的客户也能谈下去

钱，我肯定给您加。只是我和我老公都是农村的，这点儿首付也是我们工作之后辛苦积攒的，家里都很穷，连借钱都没地方借呢。我也知道我们的贷款耽误您用钱了，您看我们给您加5万元，弥补您的损失，好不好？"房主无奈地说："如果你实在不能承受，那么我愿意赔付你10万元的违约金，你再看看别的房子吧。我也重新找个买家，也许还能再多卖十几二十万的，咱们都合适。"小雪认真想了想，说："这样吧，张大哥，咱们能坐在这里也算有缘。我给您加10万元，正好贷款也下来了，您可以马上拿着钱买别的房子。您能不能通融下呢？"房主思忖再三，答应了小雪的请求。

从某种意义上来说，说服他人就是一场博弈，是一场人们内心深处没有硝烟的战争，虽然唇枪舌剑，但是却不见血光。因而，说服从来不以武力取胜，而是以智慧和谋略取胜的。适当地了解心理学常识，能够帮助我们更好地运用心理学战术，成功地说服他人。在这个事例中，虽然小雪手里握着白纸黑字的合同，按理说完全是有胜算的，但是却只能得到10万元的违约金，对于她买房的帮助微乎其微。因而，小雪从与房主谈判的开始，就始终保持谦逊、低调的态度，并没有过分地指责房主，而是主动地提出要给房主加5万元，后来又提出同意加10万元，再加上小雪言辞恳切，房主觉得有些愧疚，因而最终答应了小雪的请求，愿意以再加10万元的价格与小雪履行手续。

或许有些人不赞同小雪的处理方式，觉得既然占据道理就应该据理力争。实际上，这个世界上没有绝对的对错，从房主那方面来说，房子卖给小雪之后只拿到了10万元订金，他的买房计划只得延迟，因而也遭受了一些损失。因为小雪能够站在房主的角度思考问题，主动退让，所以最终与房主达成了一致，如愿以偿地买到了房子。如此一来，他们皆大欢喜，想必后续的手续也会进展得很顺利。

人在职场的朋友们，更是经常遭遇谈判。在谈判桌上，气氛时而和谐融洽，时而剑拔弩张，简直瞬息万变。有的时候，原本进展顺利的谈判会因为

一个小小细节的失误而前功尽弃。要想谈判取得成功,最重要的就是能够做到主动退让。尤其是在谈判进入白热化时,一旦出现僵局,就必须有一方摆出高姿态,主动退让,从而打破僵局,使得谈判继续下去,迎来大家都想要的结果。在任何情况下,搞"一言堂"都只会让人反感,在谈判桌上更是如此。

总而言之,我们无法拿刀架在别人的脖子上强迫别人,但是我们可以采取更好的方式说服他人,让他人心甘情愿地采纳我们的意见。显而易见,主动退让绝非让步那么简单,而是以退为进,让对方也同样做出让步,从而让结果更加接近我们的期望。

第五章　移情换位，与咄咄逼人的客户也能谈下去

无计可施时，不如危言耸听

在前段时间热播的电视剧《明月伴我心》中，女主角明月命运坎坷，最终凭借自己的努力开了一家酒楼。不想，与明月同时爱着许冲的丁雨始终对明月怀恨在心。她先是博得明月的信任，后来又暗中对明月的酒楼做假账，导致明月因此被拘留。因为过于信任丁雨，陷入囹圄的明月根本无法证实自己的清白。为了拯救明月，许冲做了极大的努力，最终故意放出风声，说有关于栽赃陷害者进入酒楼的监控录像。如此一来，丁雨不由得慌了神，找了酒楼人少的时间，潜入酒楼中试图消灭罪证。不想，她却中了许冲的计，在消灭监控录像的证据得逞之后，她得意忘形，居然说出了自己这么多年来隐藏在心中的对明月的憎恨，而且明目张胆地承认明月酒楼的假账是她一手策划的。最终，她绝望地得知其实明月和许冲并没有所谓的监控录像，但是她得意忘形之际的罪证已经被刚刚安装上的监控录下来了。就这样，明月洗清了冤屈，人生迎来了阳光明媚。

一直以来，丁雨都在谋划报复明月和许冲，因而把事情做得滴水不漏。然而，聪明的许冲为了挽救挚爱的明月，最终想出了一个绝佳的好办法，那就是危言耸听，故意四处散布传言，说酒楼里的监控录像录下了栽赃陷害

者的真面目。如此一来，做贼心虚的丁雨被引蛇出洞，不得不冒着危险潜入酒楼消除证据。在自以为删除了监控录像之后，她得意忘形，说出了一切真相，殊不知，被刚刚安装的监控全都记录下来了。就这样，许冲挽救了明月，也挽救了前途未卜的酒楼。

虽然我们一直坚持认为说服他人时应该保持尊重的态度和真诚的原则，但是，因为说服的情况各不相同，很多事情需要解决的急迫程度也不一样，所以我们偶尔也可以采取谋略，利用对方的各种心理弱点，逼迫对方现出原形。这就是说服的计谋。可以说，说服的形式是多种多样、不拘一格的。我们唯有更好地深入挖掘说服的技巧，才能在各种各样的情况下成功说服他人，甚至是在他人毫不知情或者沾沾自喜的情况下说服他人。所谓"危言耸听"，顾名思义，就是出于某种目的，刻意地夸大其词，从而恐吓他人，逼迫他人主动或者被动地做出让步。在任何情况下，我们说服他人都是有目的的，只要在不损害他人利益的情况下，不管使用怎样的方法，都是可行的。正如民间的一句俗语："不管白猫黑猫，只要能抓住老鼠的就是好猫。"说服工作也是如此。当然，我们必须坚持原则，不要伤害他人，而且不可恶意欺骗他人。

毋庸置疑，说服工作是难度很大的一项工作。当我们无论如何都无法说服他人时，就该是展示说服技巧和谋略的时候了。当然，如果我们能够深入地了解心理学知识，把握他人的微妙心理，那么我们的说服工作一定会事半功倍。在诸多的技巧中，危言耸听不但能够引起他人心中的极大震动，也能帮助我们渲染气氛，从而水到渠成地获得成功。

当利益一致，说服自然水到渠成

趁着五一假期，丝丝和露露结伴逛街，想买几件像样的衣服。因为她们都还是在校大学生，生活费用有限，所以她们逛了很长时间，只为了找到最适合自己、性价比也最高的衣服。从早晨逛街到中午，丝丝才看上一条连衣裙。看到丝丝在连衣裙前流连忘返，导购赶紧上前招呼。然而，当听说这条连衣裙要六百多元钱时，丝丝不由地倒吸了一口冷气。这可是她半个月的生活费啊！虽然她存下了一些钱，但是也不能如此奢侈啊！原本，她只计划买一条二百多元钱的裙子，再买一条一百多元钱的牛仔裤。因而，丝丝很犹豫，不知道应不应该试穿这条自己买不起的裙子。

这时，导购似乎看穿了丝丝的心思。她笑着说："这条裙子是今夏的新款，而且你皮肤白皙，身材高挑，穿起来一定很'仙'。遇到一件喜欢且合适的衣服不容易，千万不要错过啊！"丝丝纠结不已，导购继续狂轰滥炸，说："如果你觉得贵，我倒是有个好办法，我们最近正在推出满两件打八折的活动，你可以让和你一起来的朋友也挑选一条裙子，这样你们就都便宜了啊！"导购的话让丝丝怦然心动，她暗暗想道：即使露露选不到中意的衣服，我也可以再买一条牛仔裤。虽然贵点儿，但是千金难买喜欢啊！就这样，丝丝马上在心里与导购结成统一战线，很快，她就试穿了连衣裙，还为自己选购了一条牛仔裤。在付款的时候，丝丝掏出钱包里仅有的六百多元钱，又有些犹豫了。这时，导购悄悄地说："你是学生，我帮你向老板申请下，看看能不能再送你条丝巾吧。这条丝巾正好配连衣裙，单买也要八九十元钱呢！不过我只能尽量争取，不保证能成功啊！"看到导购在老板耳边窃窃私语之后回来，丝丝居然有些心悸，此时此刻，她不再想着是否应该买，而只希望能多赠送一条丝巾。果然，导购成功申请了赠送丝巾，丝丝高兴地付款离开了。

在这个事例中，导购运用了"共同利益"的说服原则。原本，导购与丝丝的地位是对立的，一卖一买。但是这个导购很聪明，她没有说服丝丝应该多花些钱给自己买条好些的连衣裙，而是从丝丝的角度出发，想办法帮助丝丝省钱。尽管这很有可能是导购的销售策略，但是丝丝却对此感激不已。最终，在争取赠送围巾时，丝丝已经与导购成为同一条战壕的战友，向着共同的目标努力奋进。最终，丝丝高高兴兴地付款，拿着喜欢的裙子、裤子和赠送的丝巾离开了。

曾经有位名人说："这个世界上没有永远的敌人，只有永远的利益。"这句话的意思是说，在利益面前，即使原本是敌人的人，也有可能因为利益结成同盟，从而更好地一起谋取利益。由此可见，利益的吸引力和诱惑力是很强大的。正是在这种心理的驱使下，当人们彼此之间利益一致的时候，甚至不需要他人说服，自己就会说服自己，与那个与自己利益密切相关的人结成同盟，一致对外，齐心协力地创造利益，赢取利益。如此一来，说服就成为顺理成章的事情了。

第六章

柔软对话，
优雅而高效地实现目的

在生活中，很多人都已经习惯了以强势示人，的确，表现得强硬一些，有时的确能够给我们在行走社会和职场时带来很多好处。但是，强势未必总能助你如愿以偿。在沟通中以强势压人，很容易使对方产生反感心理，双方往往不欢而散。你如果能够适当地示弱，反而就能够以柔克刚，以弱胜强，扭转局势。因而，我们不妨放低姿态，学会在适宜的时机示弱。这样，我们才能更好地与他人相处和沟通，从而收到事半功倍的效果。

学会示弱，有时更能得偿所愿

从小到大，婷婷一直是个骄傲的公主。她是家里的独生女，而且父母都是高干，因而她从小就在优越的环境中长大，从未感受过生活的挫折。就算是高考，虽然婷婷因为贪玩没有取得好成绩，但是爸爸依然凭借着自己的关系，为她联系了一所很不错的学校。就这样，婷婷在父母的呵护下顺利地度过了学生生涯。毕业前夕，其他同学忙着找工作时，爸爸已经帮她联系好了单位。一毕业，婷婷就回到家乡当了一名公务员，过着安稳、幸福的生活。后来，婷婷在妈妈一个同事的介绍下，与市医院的一名外科医生杜伟谈起了恋爱。因为爸爸妈妈盼着她早点结婚，也早就准备好了婚房，所以婷婷在恋爱的甜蜜中很快就决定走入婚姻的殿堂。然而，婚后的生活并不像她想象的那么顺利。原本热恋时期的甜蜜，在进入婚姻之后突然间就消失了。习惯了在父母照顾下生活的婷婷，如今独自面对琐事，每天都心烦不已。再加上杜伟工作忙碌，不能经常陪伴她，婷婷更加烦躁了。

一个周末，杜伟难得在家休息，婷婷突然心血来潮想做西餐。难得婷婷这么好兴致，杜伟马上举双手赞成。婷婷从冰箱里翻出牛排开始解冻，然而，当她准备开始操练时，她突然发现家里没有黑胡椒了。为此，她颐指气使地对着杜伟喊道："别看电视啦，跟个大爷似的要人伺候，赶快去楼下超市买黑胡椒来。"杜伟正在专心致志地看他喜欢的美国大片,又听到婷婷说话那么不客气,不由得生气起来,说:"不想做就出去吃,别找不痛快啊!"结果可想而知,他们不但没有成功地吃到西餐,反而还大吵了一架,婷婷更是一气之下回了娘家。得知事情的原委后,妈妈笑着说:"你呀,对待老公也像对待爸妈这样。你就不能学会示弱吗?总是颐指气使,谁受得了啊!"婷婷不以为然地说:"我没有颐指气使啊,我只是让他去买黑胡椒。"爸爸也在一旁帮腔说:"要是你妈这样对我说话,我也受不了。你为什么不说'亲爱的,黑胡椒没有了,你可以帮忙去楼下超市买吗?这样我们才能吃上美味的牛排。'"爸爸的话逗得婷婷和妈妈哈哈大笑,笑完之后,妈妈一本正经地说:"你爸爸说的是对的。作为女人,一定要学会示弱,这样才能更好地与男人相处。不然,他们只会与你对着干。"在爸爸妈妈的安慰和点拨下,婷婷似乎领悟到了什么。从此以后,她非常注意,不再颐指气使,而是用求助的语气和杜伟说话,果然杜伟变得"听话"多了。

夫妻关系向来是一道难解的题,很多人在职场上叱咤风云,却无论如何也学不会和所爱的人相处。还有些职场上的女强人呼风唤雨,但是一到家面对丈夫,就变得无计可施。究其原因,就是因为她们在外面当惯了领导,回家之后还觉得自己是领袖人物,因而伤害了丈夫的自尊心。由此一来,恼羞成怒的丈夫怎么会不与她们对着干呢?就像事例中的婷婷,从小在父母的呵护下长大,从未有过求人的经历,总是想要什么就得到什么,因而婚后的生活对她无疑是严峻的考验。

在生活中,每个人都扮演着多重角色。在父母眼中,我们是永远长不大的孩子,可以任意妄为;在配偶眼中,我们就应该成为贤淑端庄的妻子;在孩子心目中,我们必须是超人妈妈;在同事眼中,我们应该是无所不能的女强人……这些角色都是社会生活赋予我们的,要想拥有成功的人生,我们必须协调好这些角色,并且根据角色的变化时而温柔,时而可爱,时而强悍,时而果决，时而小鸟依人，时而……在与生命中那些不同的人相处时，我们必须随时调整自己，以合适的角色示人，以最恰到好处的态度待人。尤其是在对待丈夫时，我们必须学会示弱，这样才能得到丈夫的百般呵护和疼爱。有很多女人都抱怨丈夫不够体贴自己，实际上问题恰恰出在女人自己身上。试想，如果你总是对丈夫颐指气使，把自己当成男人一样喝令丈夫，那么丈夫又哪里有机会表现出男子汉气概呢！所以，从现在开始，就让我们学会示弱吧。不仅是在家庭和婚姻生活中，即使是在职场上，适当地示弱也会起到意想不到的效果哟！

消除不满，低调谦卑效果好

每年开学前夕，老师们都会提前到学校报到，研究排班的相关事宜。和往常一样，今年的排班会议依然是由年纪轻轻的小张主任主持。当他把学校领导提前安排好的排班计划发下去时，那些老教师表现出明显的不满。原来，为了提升教学质量，也为了让教学工作与新的教育观念接轨，这次校领导特意安排年轻教师负责尖子班的教学，而安排那些五十来岁的老教师带普通班。这和往年的惯例截然不同，因而那些老教师全都抱怨起来。其中，性格耿直、脾气火爆的李老师不服气地说："你们这些小毛头，怎么就能带尖子班呢？学生要是素质好，老师随便教教也能出成绩，这不是往你们的脸上贴金吗？我们站在讲台上辛勤耕耘这么久，却只能带普通班，到头来还要再给你们这些小毛头垫底，简直没道理啊！对了，你们可别自以为是，觉得领导给你们高帽子戴，你们就不知道自己几斤几两了。三十年前，我们站在讲台上的时候，你们还不知道在哪里打酱油呢！"小张主任毕恭毕敬地听着李老师发牢骚，丝毫不敢反驳。直到李老师说完，他才赔着笑脸说："李老师，我们当然知道，您和在座的很多老师都是我们后生晚辈的前辈。不过，学校领导是这么安排的，也请您多多理解。当然，我们肯定会在教学的过程中多多向您请教。坦白地说，您比我们的老师还更有资格呢，我们当然都知道。"

散会之后，小张主任又自掏腰包，特意安排这些老教师们一起吃了顿饭，安抚他们的情绪。看到小张主任的态度如此诚恳，再想到小张主任大小也是主任，官高一等，现在却如此谦卑地对待他们，李老师首先觉得不好意思起来。酒过三巡，他说："小张，你也别内疚了。我们不是不明事理，也知道这是校领导的安排。你放心吧，教师是良心活儿，我们不会因为闹情绪就偷懒的。以后不管遇到什么难题，你就尽管来问，我们这些老家伙肯定会知无不言，言无不尽。"就这样，一场风波在小张主任的低调、谦卑中烟消云散，连校长都说小张居然能搞定这些老教师，真是搞行政的材料呢。后来，小张主任因为工作出色，一路平步青云，很快就被调到教育局工作了。

作为年纪轻轻的主任，要安排那些五十多岁的元老级教师的工作，而且还要把机会留给年轻教师，这显然难度很大。不过，幸好小张主任有法宝，那就是低调、谦卑。不管这些老教师多么过分地发牢骚，他都当成是自己的长辈在训斥自己，这样也就不觉得难堪和刺耳了。如此一来，老教师发过牢骚之后，情绪宣泄完了，也就恢复平心静气，毕竟工作还得认真对待，丝毫马虎不得。而且看到作为领导的小张主任对他们毕恭毕敬，他们也就不好意思倚老卖老了。长江后浪推前浪，一代更比一代强。虽然老教师不服老，但是随着时间的流逝，新生力量会逐渐取代他们的地位，因而他们的心中难免有些失衡。在这种情况下，以低调、谦卑的态度帮助他们寻回内心的平衡，是解决问题的关键所在。

不管是在生活中还是在工作中，我们常常需要与年纪大的长辈或者官职高的领导打交道。有些人总是喜欢仗着年纪大或者官职高就对小辈或者下属颐指气使，稍有不满，还会不停地抱怨和发牢骚。在这种情况下，公然与他人争执当然是不对的。最好的办法就是低调、谦卑，给予他们足够的尊重。如此一来，他们自然也就不好意思继续乱发脾气啦，而且他们的不满也会渐渐烟消云散。

假泄私密，洞察他人真心真意

作为应届毕业生，小青总觉得自己在为人处世上差了一些。进入公司之后，她虽然一直兢兢业业、勤奋苦干，但是却总觉得领导对她不冷不热。对于领导这种让人琢磨不透的表现，小青有些按捺不住了。在一个偶然的机会，小青去领导办公室汇报工作，顺便就与领导聊了聊，她想借此机会探查领导对她的评价。

当然，她不能直接鲁莽地问领导对她是否满意，也不能问领导她在工作上的表现如何。思来想去，她决定采取迂回的方法了解领导的真心。小青先是汇报工作，然后找了个话题，和领导聊开了。她知道领导最近正在招聘文秘，因而说："领导，我有个同校的师姐，是学习文秘专业的。她之前在一家小公司工作，总觉得没前途，但是她能力很强。您觉得，她这种条件能来应聘吗？"领导说："当然能啊！有什么不能呢？"小青忐忑地说："我们毕业的学校不太有名气，不属于'211'，更不是知名大学。我总是觉得像我们这种学历，很难得到单位的认可。"领导马上表示反对，说："你这么说可就不对了，大学学历只是一块敲门砖，最重要的是人品和真正的能力。就像你吧，我觉得就很好啊。你勤奋刻苦，比其他同事都更加努力。因此，你早就弥补了你在学历上与他人的差距，我觉得你只要继续坚持下去，肯定前途不可限量。我是不会以学历取人的,我只看具体的工作表现。"听了领导的话,小青心中的大石头终于落地了。她赶紧说:"好的,领导。谢谢您的认可和肯定,我一定会继续努力的。那我尽快告诉学姐这些信息,如果她有意向,我就让她直接投递简历给招聘部。"领导点头认可。

为了打探领导的心思,小青虚构了一个学姐,接下来,她又故意以自己的毕业院校名不见经传为借口,表达了对自己的怀疑。果不其然,领导当即对她的态度表示否定,并且自然而然地说出了自己对她的认可和肯定。如此一来,小青无异于吃了一颗定心丸,接下来就是全力以赴,继续努力拼搏,再也不担心领导是不是对她有什么看法啦!

在生活中的很多时候,我们很想了解他人的心思,却又不好意思直截了当地问。在这种情况下,我们不如正话反说,故意把话说错。这样一来,对方必然要纠正或者解释,你心中的疑惑也就随之解开了。举个最简单的例子,很多恋爱中的情侣,为了了解对方的真实心意,往往采用误解的方式,故意曲解对方的心意,从而借助于对方急迫的解释,得到自己真正想要的表白。其实,这种方式可以用在很多情境之中,只要运用得当,很容易就能知道对方的真心真意,从而在与人交往和沟通的过程中占据主动。

弱势姿态，更能寻得他人相助

在成为美国总统以前，林肯曾经是一名律师。有一天，林肯正在专心致志地办公，突然传来敲门声。随着林肯的应声，一个双眼通红的老夫人推开门走了进来。一看到林肯，老夫人就开始掉眼泪。林肯不知所措，赶紧安慰老夫人说："您有什么需要帮助的？不要哭，慢慢说，我一定会帮您的。"老夫人听到林肯的承诺，止住哭声，开始倾诉："我的丈夫在独立战争中牺牲了，因此，我这么多年来一直靠政府发放的抚恤金生活。然而，发放抚恤金的工作人员特别贪婪，前几天居然勒索我，让我拿出至少一半的抚恤金来交手续费。我从未听说过手续费，要是没有抚恤金，我就无法活下去。我该怎么办呢？"说到这里，老夫人又开始伤心地哭起来。林肯气愤地说："我会为您伸张正义的。您放心吧，那个工作人员的诡计不会得逞。""但是……但是……"老夫人迟疑地说，"我没有钱支付律师费，我的抚恤金只够我勉强维持生活。"林肯毫不迟疑地说："放心吧，我不收您任何钱，我义务帮助您。"

由于那个发放抚恤金的工作人员是口头勒索，因此林肯的取证工作进行得非常艰难。在法庭上，林肯因为证据不足，不得不打起感情牌，当着法官和陪审团的面，回顾了美国艰难的独立战争。最终，林肯呼吁："为祖国的独立抛头颅洒热血的英雄值得钦佩。在如今的和平年代，我们不能让他们的遗孀失去活路。眼看着这个孤独无依的老人，难道你们忍心让她再失去赖以生存的抚恤金吗？难道你们忍心让英雄在地下灵魂不安吗？"听完林肯的申诉，包括法官在内的所有人都情不自禁地落泪。最终，林肯成功地维护了老夫人的合法权益，赢得了这场没有硝烟的战争。

不管是老夫人得到林肯的帮助，还是林肯最终凭借感情打动法官和陪审团的心，他们都有一个共同点，即表现弱势，以弱势群体的姿态出现，最终成功地赢得人们的同情和照顾。老夫人是用自己的悲惨命运和一生孤苦打动林肯的，让林肯主动义务为她打官司；林肯是用老夫人的悲惨遭遇和凄苦一生打动法官的，最终赢得了这场官司，捍卫了老夫人的合法权益。从这个事例中，我们不难看出，在很多情况下，如果我们想要得到他人的帮助，只需要表现出弱势，就能如愿以偿。和很多人在请人帮忙时还义正词严相比，弱势显然是更好的姿态。

在自然界中，有很多生物都会采取弱势的态度生存，诸如枯叶蝶，往往把自己伪装成枯叶的样子，躲过天敌；再如变色龙，也是通过减弱个性色彩的方式来与环境融为一体，从而成功地生存下来。这些弱势的表现，都是生存的智慧。在自然界漫长的进化过程中，恰恰是这些棱角不分明的生命体，成功地保护了自己免遭侵害，更好地生存下来。把这个规律运用到人类社会中，能够学会表现弱势，与外界环境相融的人，是深谙处世艺术的人。人，天生具有同情心，而且天生同情弱者。因而，你太过强势，往往就会成为众矢之的；相反，当你表现弱势时，你反而能够得到他人的主动相助，从而使自己的生存处境变得更好。如果你在表现弱势的同时，还能适当地恭维和抬高对方，则效果会更加显著。总而言之，同情弱者是人们的天性，人与人的相处只要打好感情牌，很多沟通的难题就会迎刃而解。

遇事多商量，不当独裁者

杨慧是个娇娇女，大学毕业后，嫁给一个比自己大十几岁的中年成功男士刘超，当起了阔太太。很多人都觉得杨慧是因为拜金才与刘超结婚的，但是杨慧知道自己遇到了真爱。刘超虽然年纪大些，但是温文尔雅，恰恰能给杨慧父亲般的关怀和感受，这对从小就失去父亲的杨慧而言，是根本无法拒绝的温柔。就这样，她不顾世俗的反对，坚定不移地奔向了自己的爱情。然而婚后没多久，杨慧就感受到了婚姻中不和谐的因素。原来，刘超仗着自己比杨慧大，处处当家做主，不管做什么事情都不征询杨慧的意见。这让单亲家庭、从小就有主见的杨慧非常反感。

前段时间，刘超因为工作需要被派到美国去了。他原本想在美国购买一套别墅，把杨慧接过来一起生活，给杨慧一个惊喜。但是一想到杨慧曾经因为他擅自做主与他闹矛盾，他决定回国一趟，与杨慧好好商量商量。看到刘超突然回国，杨慧高兴极了。在得知刘超是为了回来征求她的意见之后，杨慧更是幸福地做出小鸟依人状，体贴地说："如果你以后不想回国，想要常驻美国，我当然愿意过去陪伴你。虽然这样我不得不放弃工作、远离朋友，但是我觉得这一切都是值得的，为你。"就这样，原本以为会很费口舌的说服，就因为刘超给予了杨慧足够的尊重和理解，杨慧居然轻而易举地就同意了。他们一起度过了一个愉快的假期，刘超就飞回美国筹备新家的事宜了。当然，他看到很合适的房子依然会发邮件给杨慧，最终从那几套备选的房子里，还是杨慧拍板确定了新家呢！

夫妻之间的争吵，很多时候都源于一方对另一方不够尊重。有些男人难免有些大男子主义，总觉得家的大小事情只要自己做主就可以了，根本无须征求妻子的意见。恰恰是这样的心态，让妻子觉得在家庭中失去地位，由此矛盾丛生。在很多时候，妻子明明对于一件事情没有太大的反对意见，但是如果这件事情是丈夫独自做决定的，她就会坚决反对；相反，如果是丈夫与她一起商量决定的，她就会坚决拥护。实际上，不仅仅女性有这样的心理特点，在人与人交往的过程中，这种现象非常普遍。如果我们能够把握人们的这种心理，与人相处就会多一些融洽，少一些争执和矛盾。

尤其是在职场上，很多下属在独自做出决定时，往往不会考虑到要征询上司的意见。殊不知，职场上的分工和职权划分是非常明确的，作为下属，最忌讳的就是越权行事。当你无法界定一件事情是否在自己的职权范围内时，最好的办法就是征询顶头上司的意见。这样一来，你既表现出尊重，也怀着谦虚的心态，肯定能够避免得罪上司。虽然形式并不能真正代表什么，但是人们在很多情况下就是要求形式的完善和到位。不管是关系亲近还是疏远的人，正所谓"礼多人不怪"，能把形式做到尽善尽美，再追求内容，就是最完美的组合。在任何时候，即使是对孩子，你也不要当一个独裁者。我们只有给予他人充分的尊重和民主，才能得到他人的友善和爱。

不要想当然，真诚是首要

小米和小麦这对姐妹，就因为一个误解，足足20年没有聚首。看到姐妹俩闹成这个样子，父母心里难受极了，眼看着年事已高，就想在有生之年看到她们姐妹心中的坚冰融化，再次情投意合，毫无隔阂。

原来，20年前，小米喜欢上一个男生。巧合的是，小麦也喜欢这个男生。但是，当小麦知道小米喜欢这个男生之后，她就选择了退让。不过，感情的事情总是很难说清楚的，这个男生对小米没感觉，他只喜欢小麦。一个周末，小麦为了表明心意，特意约了男生去古城楼上，就是为了让他死心，移情别恋小米。然而，小米恰巧也与朋友们一起来古城楼上玩耍，撞个正着。虽然小麦再三向小米解释，但是小米认定是小麦充当了第三者，插足她和男孩的感情。就这样，虽然最终小米和小麦都没有与男孩在一起，但是姐妹情分却越来越生分，足足20年没有再亲密如初。在父母的再三撮合下，她们姐妹再次相聚。这次，小麦拿出了一封陈旧的信给小米看。原来，这封信是当年男孩写给小麦的，早在小米喜欢男生之前，男生就已经向小麦表白了。至此，小米才相信小麦为她做出了牺牲，放弃了自己的爱情。看着如今生活得并不幸福的小麦，小米懊悔不已地说："对不起，妹妹，是姐姐错了。"就这样一句道歉，简简单单，却是真正发自内心的，让小麦潸然泪下。她抱着姐姐说:"姐姐,我愿意为你做任何事情,只要你幸福。现在好了,我又得到了姐姐,这就是我今生最大的幸福。"

  显而易见,在这个持续了20年的误会之中,小米是那个自以为是的人。她相信自己的眼睛看到的和自己所推测的,而没有相信妹妹的解释。也正是因为小米的自负,她们姐妹整整20年没有亲密无间地相处。这样的自以为是,不得不说付出了太大的代价。而小麦呢,因为不想给姐姐增加心理负担,始终一个人默默地承受误解。直到父母渐渐老去,想在有生之年看到她们姐妹和好如初,她才拿出珍藏了20年的那封信。至此,姐妹间的误解烟消云散。

  在人生中的很多时候,我们都自诩真诚,却根本不够真诚。我们相信的是自己,相信自己的眼睛,相信自己的耳朵,唯独不愿意相信自己的心。正因为自以为是蒙蔽了我们的眼睛,所以我们对很多真相视而不见,对很多美好的感情毫不珍惜。从现在开始,就让我们怀着足够的真诚对待身边的人和事吧!相信在真诚的普照下,世界一定会变得更加美好。

第六章　移情换位，与咄咄逼人的客户也能谈下去

眼泪当武器，钢筋绕指柔

作为大名鼎鼎的拿破仑的妻子，约瑟芬向来水性杨花，生活放荡不羁，个人作风很不正派。当拿破仑带领大军在战场上浴血奋战时，虽然约瑟芬刚刚与拿破仑新婚，但是她丝毫不为丈夫的安危担心，而是与一个贵族偷情。她毫不掩饰自己的淫荡行为，因为她认定拿破仑必将战死沙场，再也不会回来了。但是，事与愿违，拿破仑在九死一生之后，回来了。约瑟芬懊悔不已，她很害怕拿破仑会把她赶出家门，因而不辞辛苦地去遥远的法国南部，亲自迎接拿破仑的凯旋。但是，拿破仑早就得到风声，改变行程，走其他的路回家了。这时，拿破仑已经下决心要与约瑟芬决裂。

约瑟芬没有接到拿破仑，心知不妙，因而昼夜不停地赶路回家，却发现家里大门紧锁，原来拿破仑下令仆人不许她进门。约瑟芬想尽办法才进了家门，最终决定以眼泪战术打动拿破仑。看着拿破仑把自己反锁在房间里，她不停地苦苦哀求，却毫无回应。后来，她开始哭泣，从小声抽噎，到大声号哭，无论她怎么哀求，拿破仑都默不作声，不愿意原谅她。约瑟芬改变策略，不再单纯地哭泣，而是一边哭一边回忆她与拿破仑曾经甜蜜的过往，甚至以死相挟。这些，都未能让拿破仑感动。直到约瑟芬把孩子们带来，一起跪在门外苦苦哀求拿破仑，拿破仑终于被感动，选择原谅约瑟芬，给孩子们

一个完整的家。就这样，约瑟芬用眼泪成功地打动了拿破仑的心，也为自己赢得了毕生的荣耀——随着拿破仑登上皇位，她也成为一国之母。

为了保住家庭，为了保住唾手可得的地位和名分，约瑟芬把眼泪变成自己最有力的武器，最终获得了成功。如果不是她的眼泪战术，则拿破仑一定会与她离婚，她也就再也没有机会成为皇后了。虽然拿破仑是驰骋沙场的铁血男儿，但是却禁不住约瑟芬的哭诉。在约瑟芬的哭诉中，他想起了他们最初相识的美好和甜蜜，想起了孩子们对他的信赖和依靠，最终同情心占据上风，让拿破仑选择原谅这个水性杨花、对婚姻不忠的女人。由此可见，眼泪的力量是多么强大，居然能让一个把生死都置之度外的男人选择原谅妻子的不忠。

在日常生活中，人们总是习惯于接受女人的眼泪，似乎女人天生就有哭泣的特权，而总是说"男儿有泪不轻弹"。殊不知，哭泣不仅仅是女人的专利，男人同样可以哭泣。也因为"男儿有泪不轻弹"，所以当男儿真正哭泣的时候，反而具有惊心动魄的力量。试想一下即可知道，当你看到一个女人哭泣，和你看到一个男人哭泣时，哪种哭泣给你更大的震撼？肯定是后者。因而，男性朋友们，既然生存如此艰难，那么作为同样有血有肉、有七情六欲的男性，你们当然也可以哭泣。不过需要注意的是，眼泪泛滥，就会使人对你的男儿血性产生怀疑。所以虽然男儿有泪可以弹，但是千万要控制好自己，不要让眼泪泛滥，更不要为此失去男儿本色。任何与人交往的手段和技巧，都必须用在恰当的情境之中，否则就无法起到预期的效果，眼泪也是如此。

温柔动人心，拒绝硬碰硬

她从小就失去父亲，是母亲一个人含辛茹苦地独自抚养她长大，供她上大学。然而，她刚刚大学毕业就遇上金融危机，足足半年才找到工作——在一家珠宝店当销售员，试用期3个月。她很珍惜这个工作的机会，因而每天都早早地到店里打扫卫生，尽量给同事们创造便利，以期能够顺利地度过试用期，得到宝贵的工作。

一天早晨，天空飘着鹅毛大雪，她比往常更早地来到店里，想把门前的雪也清扫一下。然而，她扫完店门前的雪之后，把柜台里的戒指拿出来正准备擦拭时，突然有个中年男人推开门走了进来。这个男人衣衫褴褛，满脸都是悲苦的神色，还透着一无所有的绝望。她紧张极了，不知道男人准备做些什么。正当她在脑海中飞速地想着应对的方法时，突然电话铃响了，她急急忙忙地接电话，不小心打翻了戒指盒，8枚纯金的戒指掉在了地上，其中有两枚滚到柜台下面了。她赶紧蹲在地上找戒指，但是无论她多么努力，都只找到7枚戒指。情急之中，她看到那个男人朝着门口的方向走去。她突然猜到了戒指为什么找不到了。正当男人准备拉开门时，她轻柔地喊道："先生，请等一下，我很抱歉。"男人听到她的喊声停了下来，扭头看着她。一时之间，她不知道该说些什么，过了很久才小心翼翼地说："先生，我很抱歉，这是我的第一份工作。你知道，工作很难找，我大学毕业之后半年才得到这个工作的机会。我从小失去父亲，是由母亲独自抚养长大的。我很感谢您，真的很感谢您，我需要这份工作……"男人怔怔地看着她，过了很久，僵硬的脸上露出一丝不易觉察的笑容，说："你能胜任这份工作，我肯定。"说完，男人朝着柜台走了一步，对她伸出一只手，她赶紧迎上前去，也伸出手与男人紧紧相握。她真诚地对男人说："祝你好运，一切都会过去的。"男人和善地说："谢谢，也祝你好运。"说完，男人就转身推开门走了，她的掌心里紧紧地握着丢失的第八枚戒指。

穷困潦倒的男人捡到了戒指，在没有人知情的情况下，他完全可以拿着戒指离开，解自己的燃眉之急。但是，女孩的温柔打动了他。女孩在猜到戒指的去向之后，没有喊叫，没有义正词严地与男人理论，而是以温柔的语言苦苦地哀求男人，最终使男人动了恻隐之心，改变想法，又把戒指还给了女孩。如果以硬碰硬，则显然孤身一人的女孩绝对不是男人的对手。但是她的温柔却成功地制服了男人。这就是温柔的力量。

在这个世界上，每个人的脾气秉性都是不同的。对性格刚烈的人而言，以硬碰硬只会让他们更加强硬；反而以柔克刚，更能让他们产生同情心和恻隐心，甚至给你特别的优待。需要注意的是，温柔的话不是乞求，一味地乞求也会让人心生厌恶。在以柔克刚时，我们虽然要尽量温柔一些，说些软话，但是却要讲究技巧和方法。换言之，就是以温柔的方式说出有力的话来，这样才能真正打动人心。此外，以柔克刚也是需要有度的，如果一味地退让和妥协，最终偏离了方向和初心，则无法起到预期的效果。任何方法都不可能放之四海而皆准，我们必须因时、因地、因人、因事制宜，才能最终如愿以偿，事半功倍。

第七章

添加幽默，
发掘你体内潜藏的润滑才能

幽默是思想、学识、智慧和灵感的结晶，是一瞬间闪现的光彩夺目的火花。幽默是自觉地用表面的逗笑形式，以严肃的态度对待生活、事物和整个世界。幽默是具有智慧、教养和道德优越感的表现。

巧妙地运用幽默，能有效地化解紧张、尴尬、局促不安，使所有令人不快的气氛一下子变得愉悦而轻松，使对立冲突、一触即发的态势转为和谐与融洽，还能使对方心悦诚服地理解、接纳你和你的观点。

故意曲解，避开他人语言陷阱

新中国成立之后，积贫积弱，国家人口多，底子薄，因而急需发展。为此，很多西方国家对中国虎视眈眈，甚至还有很多西方国家的记者也寻机挑衅。有一次，一位西方记者在采访周恩来时，不怀好意地问："请问，贵国的银行里储备了多少资金？"周恩来神思敏捷，当然知道记者是在故意挑衅，因而佯装没有领会其真实意图，坦然回答："中国人民银行的货币资金很清楚啊，有18元8角8分。"听到周恩来的回答，在场的人全都呆住了：即使新中国国力弱，也不可能只有这么一点儿资金啊！周恩来看到大家疑惑不解的样子，谈笑风生地说："中国人民银行发行的货币，分别为10元、5元、2元、1元、5角、2角、1角、5分、2分、1分，加起来的话，不就是18元8角8分吗？"至此，众人恍然大悟，不由得为周恩来的机智拍手叫好，赞叹不已。

还有一次，一位美国记者特意采访周恩来。当时，这位美国记者无意间看到周恩来的桌子上放着一支产自美国的派克钢笔，因而嘲讽地问："尊敬的总理阁下，你们中国可是泱泱大国啊，你们中国人也是堂堂正正的，为什么要用美国的钢笔呢？"周恩来不假思索、面带微笑地回答道："这支钢笔可是有历史的。当时，我接受一位朝鲜朋友的馈赠，他还告诉我说这是他在抗美战争中的战利品，意义深远，因而坚持要我接受。我当然不能无功受禄，但是这位朋友偏偏让我留作纪念，以此感谢中国的抗美援朝。正因为如此，你现在才能看到这支钢笔啊！"听了周恩来的巧妙回答，美国记者的脸上红一阵白一阵，根本无言以对。

西方记者原本想通过提问中国银行的储备资金来让周恩来出丑，但是不想周恩来思维敏捷，马上就以故意曲解的方式回答问题，不但避免了自己的尴尬，而且让西方记者丝毫抓不到把柄，还博得了在场所有人的钦佩和赞叹。面对派克钢笔风波，周恩来更是面不改色，而且还以抗美援朝为话题，让美国记者很难堪，最终"哑巴吃黄连，有苦说不出"。周恩来总是能够运用各种各样的技巧击退那些对中国不怀好意之人的恶意挑衅。故意曲解对方的意思，扭转局势，让对方觉得尴尬和难堪，无疑是非常成功的交际技巧。

每个人在生活和工作中，都难免需要与他人打交道。人是群居性的动物，尤其是在现代社会和现代职场上，没有任何人能够摆脱群体而独自生活。因而，如何更好地与他人相处，是每个人都必须面对和急需解决的问题。只要我们将自己的思维锻炼得更加敏捷，而且始终能够保持淡定、从容，就一定能够机智、幽默地对付他人的挑衅，甚至能够扭转局势，反败为胜。在很多情况下，直接的针锋相对并非明智之举，反而避重就轻更容易帮助我们摆脱尴尬，"以子之矛攻子之盾"，最终让对方的阴谋和恶意不攻自破。这么做还有一个不言自明的好处，即当我们用对方抛来的话题反驳对方时，非但可以肆无忌惮地反驳对方，而且因为话题的提出者是对方，所以对方即使内心很恼怒，也不敢明显地表现出来，只能"打落牙齿往肚子里咽"，这真是大快人心之举。

敢于自嘲,巧妙化解尴尬处境

李总虽身居高位,职场上雷厉风行,待人却亲切随和,员工们谈起他,也是一个"大写的服"。

李总家里添了一位小公主,宴请宾客,其中一位女客人,隶属于他的部门的职员,还带着一个四岁多的小女孩。交谈中,李总见小女孩活泼可爱,不禁想起自己的女儿,于是格外亲近,便不时地逗她玩。在玩耍时,小女孩忽然惊奇地叫了起来:"叔叔,你脖子上怎么有个疤?"天真又很不合适的问话,使在场的人都陷入了尴尬之中,小女孩的母亲更是面露难色,很是愧疚。

这时,李总急中生智,巧妙地解答:"叔叔脖子上不是疤,这是花,这叫'颈'上添花。"李总话一说完,在场的人们纷纷点头称是,心中为李总的机智所折服,小女孩的妈妈也向李总露出了感激的微笑。

一句幽默的自嘲,不仅顿时使众人摆脱了尴尬的局面,而且,更活跃了交流的气氛,使主客之间进入了欢快轻松的佳境。

在这个事例中,如果李总勃然大怒,就会导致现场的情况更加尴尬。幸好,李总非常机智,马上就以坦然的态度应对小女孩无心的"过失",并且通过从容不迫的自嘲,缓解了自己的尴尬,从而把现场的沉默也变成了人们善意的微笑和由衷的敬佩。很多人觉得，拿自己开涮是非常尴尬的事情。实际上情况恰恰相反，大多数能够拿自己开涮的人，一定都是有着超强大的内心，他们从不畏惧来自外界的诋毁和伤害，能够做到镇定自若。自嘲的人往往有自知之明，他们知道无论自己怎么调侃自己，自己的优越性都不会随之消失，自己的实力也不会因此而减退。从李总的自嘲之中，我们还看到了他急中生智的幽默，从而更加钦佩他的灵活机敏。

在生活中，每个人都无法避免要与他人交往。然而，人际交往真的是一件非常微妙的事情。我们不可能真正做到与他人心灵共鸣，因为难免会有因为他人的口不择言而感到尴尬的情况发生。这时，一味地反驳和辩解并不能起到预期的作用，只有更好地从容应对，才能化解尴尬，最终起到调节气氛的作用，也能化解在场所有人的难堪和沉默。

适度玩笑，不可伤害朋友面子

今天，是李杜和张倩一起为孩子举办满月酒的日子。刚刚在4个月前喝过他们结婚喜酒的亲朋好友们，又都心照不宣地带着礼物来给孩子庆生了。宴会上，大家都很高兴，彼此说说笑笑。毕竟，这些结婚生子的喜事，总能够给平日里没时间相聚的朋友们提供聚会的机会，真的是很让人欢欣的事情。尤其是这次还能看到刚刚出生不久的小小生命，就更让那些单身的年轻人兴奋了。

正当宴会进行一半时，刘东才急急忙忙地赶过来。看到其他人都已经送上了礼物，刘东拿出一支美国派克金笔，郑重其事地送给娃娃。李杜笑着说："大哥，您这送得也有点儿太早了吧。"此时此刻，大家都正在注视着他们，刘东笑嘻嘻地说："不早啊，你家娃娃可是个急性子。你看别的小宝都在妈妈肚子里赖上十个月，你家才四个月就急急忙忙出来啦！"听到刘东的话，现场突然有些沉默，张倩更是满脸通红，不知道该说什么好。幸好，这时候有个朋友喊李杜和刘倩过去敬酒，这个尴尬才被掩饰过去，但是从此之后，李杜和刘倩都对刘东的嘴巴心有余悸。原来，李杜和刘倩结婚的时候已经怀孕5个多月了，所以宝贝才会在结婚4个月之后就降生。尽管现代社会很多年轻人都是奉子成婚，但是刘东这样当着所有亲戚朋友的面开这种过分的玩笑，还是让人非常难堪。

在这个事例中，很多事情大家都是心照不宣的，即使调侃当事人，也应该选在私下场合，这样哪怕说得过分一些也不会让他们觉得丢脸。但是刘东的玩笑显然过度了，而且场合很不合适。尽管现代社会大家对很多事情的观念都非常开放，但是在隆重而又公开的场合依然要讲究说话的原则。对于很多年轻人而言，最重要的时刻就是结婚和孩子满月，因而不管刘东与李杜私下的交情多么好，他都不应该进行这种过分的调侃。

在社交场合，我们一定要注意自己的言谈举止。尽管朋友之间是非常亲近的关系，甚至很多铁杆级闺密或者骨灰级闺密之间简直无话不谈，但是朋友之间依然要讲究尺度。在很多时候，因为情况不同，所以有的玩笑不能开。比如私下里能与朋友开玩笑说的话，在公开场合就不可以说；当着这个人能与朋友开玩笑说的话，朋友的女朋友在场，就不可以说；或者在朋友的这种心情下可以开玩笑，在朋友的那种心情下就不可以。总而言之，人际交往的情况随时随地都在变化，我们必须根据情况及时调整交往的策略，否则就会伤害友情，最终让人际交往受到阻碍。而且，我们需要牢记的是，人在很多情况下都是最爱面子的。因此与朋友开玩笑也要掌握这个原则，即不管什么情况下，都不要随意伤害他人的面子。越是亲近的人之间，人们越是爱面子，因而我们一定要像爱护自己的眼睛一样爱惜朋友的面子，这才是好朋友永恒的相处之道。

尤其是开玩笑的时候，能够让大家皆大欢喜的玩笑，才能真正起到使人际关系融洽的效果。如果我们的玩笑建立在他人的痛苦之上，或者使他人陷入难堪和尴尬的境地，则会导致相反的效果，甚至使人际关系恶化。如此一来，玩笑就得不偿失了。因而，我们必须在保证顾全朋友面子的前提下开玩笑，这是必须坚持的原则。也许有些人会说："我不知道哪些玩笑会让朋友觉得没面子，如果我觉得无所谓，但是朋友却很在意呢？"这只能说明你对朋友还不够了解，或者说你对朋友的熟悉程度还未达到让你可以与他随心所欲开玩笑的程度，因此，你更应该谨慎与之开玩笑，或者至少在拿不准的情况下谨言慎行，不要开玩笑。

第七章　添加幽默，发掘你体内潜藏的润滑才能

临危不乱，幽默语言轻松救场

在美国白宫举行的钢琴演奏会上，作为白宫的主人，里根总统当然要上台致辞。然而，正当他讲话讲到一半时，随同他一起坐在台上的总统夫人南希，不知道为何，突然连人带椅子一起跌落台下，在台下黑压压就座的观众们的众目睽睽之下，南希作为第一夫人简直太尴尬了。不过，南希反应很敏捷，在确定自己没有受伤之后，她马上身形矫健地爬起来，坐回座位上。看到夫人毫发无损，也没有误伤到人，里根中断演讲，笑着对南希说："亲爱的，你简直太体贴啦。不过，你忘记了我曾经告诉过你，只有在我的演讲无人鼓掌的时候，你才需要进行这样的表演，帮助我博得掌声。"里根的话音刚落，现场就爆发出热烈的掌声和善意的笑声。里根的话成功地化解了南希的难堪，现场气氛反而变得更加热烈、融洽了。

作为大名鼎鼎的钢琴家，波奇有一次前往密歇根的弗林特进行演出。但是，这次演出很尴尬，显然这里的观众们并不热衷于欣赏钢琴演奏，因而到场的人稀稀落落，至少有一半以上的座位都空着。看到此情此景，波奇真的非常失望。但是他很清楚，如果他任由失望的情绪发展下去，就会影响他接下来的演奏。因而，他放松心情，走到舞台中央，对着台下的观众深深地鞠

了一躬，说："看来，弗林特是一个非常富裕的城市啊！"听到他这无厘头的话，观众们感到很惊讶，沉默不语。这时，波奇又接着说："我发现，你们每个人都买了三张票，所以现场才会这么安静。让我们都拥有良好的环境，尽情享受这一刻的相聚。"说完这句话之后，不但现场观众给予波奇热烈的掌声，就连波奇自己的心情也变得好起来了。最终，他圆满地完成了这次演奏，博得了观众的一致赞许和认可。

在第一个事例中，里根之所以能够保持镇定，不但是因为他有过人的胆识，也因为他拥有幽默的能力，相信自己可以很好地化解尴尬。一句轻松的幽默言语，不但让南希不再那么难堪，也活跃了现场的气氛，让大家都尽快从沉闷和担心的状态中摆脱出来。如此一来，他还给后来的演奏会铺垫了气氛，让在场的每个人都能带着愉悦的心情欣赏接下来的美妙演奏。在第二个事例中，波奇看到台下空荡荡的座位，当然会产生失落的情绪。幸好，他有很强的自我娱乐精神，也用一句幽默的话给到场的观众带来了好心情，最终使自己的演出获得成功，也使得观众觉得不枉此行。总而言之，幽默是生活中最好的调剂，只有懂得幽默的人，才能更好地享受生活，也才能从容地面对生活中很多意外的尴尬和难堪。在很多时候，幽默不但能够解除我们个人的尴尬，也会使现场的所有人都变得轻松愉悦，再次拥有好心情。

每个人在生活中都难免会有遇到尴尬的时候，如果处理不当，就会让事情急速恶化，导致自己非常难堪。因而，掌握化解尴尬的方法，几乎是每个人行走社交场合的必备武器。当你学会轻松自如地化解尴尬，你就能够一马平川地走下去，再也不担心自己会当众出丑啦。在诸多化解尴尬的方法中，幽默无疑是最佳方式。因为幽默不但能够帮助你化解尴尬，还能展示你的机智风趣，更能带给在场的人们轻松愉悦的心情和欢笑。既然如此，那么我们当然要努力让自己变得幽默起来，从而帮助自己更好地经营人际关系，使自己成为处处受欢迎的人。

第七章 添加幽默，发掘你体内潜藏的润滑才能

正解幽默，因地制宜注意场合

卡特担任美国总统期间，曾被摩门教信徒授予"年度家庭好男人"的称号，因而他开始筹划去盐湖城访问。为了使他显得平易近人，也为了尽快与当地的人和谐相处，在卡特临行之前，他的参谋特意为他准备了一份演讲稿，还注明一定要显得风趣幽默。看到这份演讲稿之后，助理不假思索地给卡特加了好几个笑话。而且，在到达盐湖城面对摩门教信徒们演讲时，卡特居然一个笑话也没漏掉，照着演讲稿全部读了出来。遗憾的是，在场的两千多名信徒们全都一声不吭，呆若木鸡地听完了笑话，根本没有给予卡门任何反应。原来，摩门教的信徒们在教育孩子的时候，最讲究不要轻率，因而他们全都显得非常端庄凝重，也很少在重要的场合说些滑稽的话惹人发笑。

任何幽默，都要符合当时的情况，也要符合说话的人的身份、地位，符合听话的人的民俗喜好和信仰、观念等。卡特的演讲之所以如此失败，就是因为他和助手完全忽略了摩门教信徒的生活习惯，因而闹了个大笑话。虽然看起来充满幽默，但是实际上却丝毫不能引人发笑，最终事与愿违。

在人际交往的时候，尤其是在公众场合，我们在与他人交流时，一定要首先注意文化的差异。特别是对于很多国家元首，或者是需要经常涉外交

往的人而言，如果不了解他人的文化背景，从而导致说话做事不够稳重，则很有可能导致事与愿违。即便是在日常生活和工作中，中国这个大家庭有五十六个民族，每个民族的风俗习惯等差异也很明显，我们同样也应该注意了解其他各族的文化差异，从而更好地与他人相处。在很多情况下，人们都会把滑稽与幽默弄混。所谓滑稽，无非是像小丑一样哗众取宠。而所谓幽默，其实是智慧的表现，是能够在兼顾各方面的情况下，运用聪明和智慧，给他人带来快乐。在任何时候，我们都不要一味地取悦他人，更不要因为阿谀奉承他人而失去底线。人与人的交往只有建立在平等的基础上，才能真正做到公平、公正，也才能做到彼此尊重、相互爱护。

　　制造幽默的时候，我们必须以对方为主体，多从对方的角度出发考虑问题，包括对方的年龄、性别、信仰、教育背景、文化素养，等等。例如，你对中国人说"自相矛盾"，中国人当然能听懂；但是如果你对外国友人说"自相矛盾"，则外国人肯定无法正确地理解你的意思。生活中的幽默无处不在，生活也因为幽默而增添了很多乐趣。我们一定要注意的是，不分时机和场合的幽默是滑稽的笑剧，只有恰到好处的幽默才能产生预期的效果。

调动气氛，玩笑开场活跃氛围

曾经，大名鼎鼎的学者孙绍振去大学进行演讲。当时，恰巧孙绍振去演讲的同时还有一场青年歌手大奖赛，因而去听孙绍振演讲的人很少。看着会场里稀稀拉拉的听众，不仅孙绍振的心里很失望，在场的同学们也都觉得有些尴尬。不过，孙绍振很好地调节了自己的情绪，而且还想办法让在场的同学们变得兴致高昂。

只见孙绍振走上演讲台，满面笑容地说："同学们，当我走进会场时，我感到浑身都充满了力量。因为我知道那些站在走廊里和门口的同学们，其实是在用身体力行给我鼓舞。他们宁愿站着，也要听我这个老人把话讲完。最重要的是，在他们心里，尊重我这个老头子胜过对那些青春少年的美的追求。这就像是说唱艺术的较量，他们选择了听我说。我无比荣幸，这是因为他们知道，说的一定比唱的更好听。"孙绍振的话音刚刚落下来，在场的同学们全都沸腾起来，不但给予孙绍振热烈的掌声，而且还给予善意的微笑。从这些话里，孙绍振成功地拉近了与大家之间的距离，并且使大家真切地感受到了他的机智幽默。

毫无疑问，孙绍振开了一个无伤大雅的玩笑，因而选择来听他演讲的同学们都保持了极高的热情，也把现场的气氛调节得轻松愉悦。毫无疑问，对于年轻的大学生而言，演唱比赛对他们更具吸引力，因而他们宁愿站着听演唱比赛，也不愿意来坐着舒舒服服地听演讲。不过没有关系，孙绍振的话很好地打消了台下同学的顾虑，使他们相信孙绍振并不会因为任何原因而导致演讲受到影响。其实，孙绍振的幽默方式很常见，那就是正话反说。在很多情况下，正话反说不但能够激发起大家的好奇心，而且能够起到很好的幽默效果，而且能产生出人意料的惊喜。这就像是在文章之中设置悬念，是非常引人入胜的一种幽默方式。

在生活中，我们常常会遇到一些人，他们说起话来口无遮拦，总是任意胡言，给他人留下不好的印象。为了避免这种情况的出现，也为了避免让他人觉得我们也是狂妄自大的，而又要起到引人注意的效果，我们不妨也采取正话反说的方式。这样一来，我们不但可以更好地吸引他人的注意，而且能够如愿以偿地达到预期的效果。

人与人交谈，不管是只有双方参与，还是有很多人都在场，要想交谈得愉悦和谐，最重要的就是调节好交谈的氛围。在很多时候，如果没有良好的交谈氛围，人们就会关闭心扉。相反，在大家都侃侃而谈的情况下，即使那些原本不很健谈的人，也会兴致高昂地投入谈话。在很多情况下，严肃的话题总是难以让人打开话匣，还有很多原本陌生的人之间也很难在短时间内互相打开心扉。如果能够恰到好处地说些无伤大雅的玩笑话，则能够快速使彼此变得熟稔，也能使彼此的交谈变得更加顺畅。需要注意的是，说玩笑话的时候，一定要注意不要伤害任何人的颜面，更不要伤害任何人的自尊心。否则，就会得不偿失，事与愿违。

第八章

懂点儿心理博弈，让你不动声色地反客为主

混迹在形形色色的人群中，徘徊在犬马声色的社交场中，我们总有面对困境力不从心的时候，总有即使能力再强，也不可能完全依靠自己的力量就把事情都做到圆满的时候。那么，当面对生活中那些难以逾越的阻碍时，你是选择绕道而行，还是迎难而上？

当你有求于人的时候，你会如何表达自己的艰难处境？如何让别人心甘情愿地对你施以援手？古人云："得道多助，失道寡助。"沟通有道，才能够得到他人的鼎力相助。

真诚赞美，使人欣然接受你的请求

很久以前，有位学子接连几次参加科举考试，好不容易才中了个进士。眼看着进京为官的日子就要到了，学子很忐忑，因为他早就听说官场上人心险恶，总是害怕自己应付不来。为此，他特地去拜访恩师，向恩师请教如何才能在官场上如鱼得水。恩师思来想去，告诉他："你呀，只要牢牢记住一条，就不会犯太大的错误，那就是见人就送高帽子。"学子仔细琢磨，才了解了恩师的意思。告辞时，恩师祝福他来日前程似锦，学子说："恩师，今日一别不知何日再相见。在官场的污浊之所，再想结识恩师这样出淤泥而不染的大学士，只怕越来越难了。"恩师听到学子的话，眉开眼笑地说："记得送高帽！"学子又说："嗯，恩师，我记住您的教诲了。像您这样不喜欢戴高帽的人，官场上一定遍寻不见。因而，我不管遇到谁都给他戴高帽，一定照您说的去做。"恩师连连点头，说："知我者，张生也。"

与老师告辞之后，学子暗暗窃喜："就这一会儿工夫，就送出去了两顶高帽。看来，到了京城之后我一定要准备随时随地送高帽啊，效果果然不错呢！"

在这个故事中，学子原本是向恩师讨教与官场之人打交道的办法。恩师

第八章　懂点儿心理博弈，让你不动声色地反客为主

的确给出了谆谆教诲，那就是给他们戴高帽。在认真领悟了恩师的话之后，学子果然马上就给恩师戴了两顶高帽子，恩师却浑然不觉，还喜笑颜开。由此可见，人们很难拒绝赞美的魅力。虽然这个故事看起来像个笑话，但是其中揭示的道理却很深刻。人的本性就是喜欢被赞美，抵触被批评。因而，我们在与他人相处时，一定要多多赞美他人。尤其是在需要求助于他人时，我们的赞美更能起到很好的效果。细心的人会发现，他人接受了你的赞美或者抬高，往往不会拒绝你的请求。这是因为，每个人都希望自己获得他人的尊重，这既是自己力量和能力的象征，也代表着得到了他人的信任。

在求人办事时，如果我们能够合理地采用这一心理策略，利用他人需要满足自信和被尊重的心理，我们求人办事的过程就会更加顺利，效率也会更高。曾经有位心理学家经过实验证实，人们对于他人态度的改变，正是从心理上的亲近开始的。而赞美，恰恰能够最快速地拉近两颗心之间的距离，使人们彼此之间更加亲近，也相互信任。倘若我们在求人之前总是先赞美他人，则我们的请求往往能够得到应允。需要注意的是，在求人之前的赞美态度一定要真诚。很多人做事情喜欢临时抱佛脚，平日里对他人不爱搭理，直等到着急求人帮忙时才忙不迭地赞美，这样的态度是不可取的。

友情靠维护，我们一定要在平日里多多与他人沟通感情，保持亲密的关系，这样才能得到他人的帮助。赞美并非是空穴来风，更不是阿谀奉承。即便是为了求人而说的赞美，也应该是言之有据的。空洞的赞美一旦泛滥，就无法打动他人的心。我们唯有说出一些具有含金量的溢美之词，才更容易让对方觉得我们的赞美是认真的、细致的。还需要注意的是，赞美千万不要过度。任何事情都是过犹不及的，过度的赞美非但无法起到预期的效果，还会导致事与愿违。因而，我们的赞美必须真诚、具体、恰到好处。当你做到了这几点，他人自然也就不好意思拒绝你了。

巧用激将法，逆反心理实用有效

作为当代世界上大名鼎鼎的典狱长，刘易士自从去了辛辛监狱，就从未离开过。而当年他接受这个任务，只是因为纽约州州长史密斯的激将法。当时的情况是，辛辛监狱接连更换典狱长，干得最长的典狱长，也只在那里待了3个星期。毫无疑问，没有人愿意在辛辛监狱典狱长的职位上度过自己的一生，毕竟这是个政治色彩浓郁的职位，搞不好就会影响政治前途和生涯，为了这样一份工作赌上自己一生的命运，简直太冒险了。毫无疑问，在被问及是否愿意去辛辛监狱任职时，刘易士也有这样的担心。

当时，看到刘易士犹豫不决的样子，负责与他沟通此事的史密斯靠在椅背上，面带笑容地说："你很年轻，我当然知道你的顾虑，辛辛监狱典狱长无论如何也不能算是个好差事。看到你吓成这个样子，我毫不吃惊。我想，我的确需要物色一个大人物去辛辛监狱，这样才能镇得住那里的局面。"听完史密斯的话，刘易士经过短暂思考就决定接受这个艰巨的任务。从此之后，他在那里扎根，而且成为最著名也是最成功的典狱长。在辛辛监狱工作的时间里，他不但在监狱里推行"人性化措施"，给监狱带来了神奇的改变，还创作了一本名为《辛辛两万年》的书，一出版就很畅销。根据他在监狱里的故事，很多导演都争先恐后地改编电影，至今已经有十几部以辛辛监狱为原

第八章 懂点儿心理博弈，让你不动声色地反客为主

型的影片问世。不得不说，刘易士把辛辛监狱典狱长的职务做到了极致。

对于这个典狱长换人如同走马灯似的辛辛监狱，刘易士当然心中忐忑，况且辛辛监狱本身也臭名昭著，让所有人都唯恐避之不及。为了找到合适的人员来顶替空缺，当时作为纽约州州长的史密斯只能点将。但是，面对有可能遭到拒绝的预想，他必须得想个周全的办法才能保证顺利点将，因而，他采取了激将法对待犹豫不决的刘易士。果然，当听到史密斯说"看到你吓成这个样子，我毫不吃惊"时，刘易士选择去辛辛监狱。正是凭着这股被激发起来的不服输的气势，他很快就在辛辛监狱站住了脚，而且一干就是很多年，不仅把辛辛监狱治理得井井有条，而且还把这份工作做到了极致，也因此让自己和辛辛监狱一起名声大噪。不得不说，史密斯的激将法是很成功的。

在生活中，很多人都不愿意因为他人的请求而损害自己的利益，这是人之常情。但是，人们心底里也往往会有不服输的情绪在涌动，他们在很多时候接受艰巨的任务，就是为了证实自己的能力，帮助自己博得他人的认可和赞许。

史密斯也正是抓住了刘易士的这种心理，才能成功地激发刘易士不服输的气势，最终点将成功。在日常生活中，如果我们的请求是有难度的，那么利用激将法寻求他人帮助无疑效果显著。只要你深谙激将法的技巧，并且也很了解被求助的一方的性格特征，你就一定能把这个技巧运用得炉火纯青。需要注意的是，因为每个人的脾气秉性不同，所以在使用激将法时，我们一定要综合考量交谈对象的脾气秉性以及所托之事的难易程度。在任何时候，我们都不能强人所难地求人办事。激将法只有因人而异、对症下药，才能起到预期的效果。尤其是对于争强好胜、爱面子的人而言，效果更是显著。因而，只有做到有的放矢，才能事半功倍。

以大博小，大要求换回小帮助

亚楠的大姐要结婚了。这么多年来，大姐为了帮助守寡的妈妈供养大哥上大学，也为了分担妈妈养活五个弟弟妹妹的沉重负担，一直待字闺中。眼看着最小的弟弟也大学毕业了，大姐终于可以放心地把自己嫁出去了。然而，这个一直以来都背负着沉重负担的家，根本无法为大姐准备丰厚的嫁妆。为此，亚楠决定和兄弟姐妹都凑一凑。如何说才能不被大嫂和大弟媳妇拒绝呢？虽然她们各自的小家庭都生活得很好，但是必然不愿意为大姐的嫁妆买单吧！思来想去，亚楠和妈妈商量之后，决定召开家庭会议，并且由亚楠唱主角。

全家人都到齐了，先由妈妈致开场词，接下来，由亚楠主持会议。亚楠动情地说："这么多年来，大姐为这个家付出了太多，现在她眼看着都要奔四十了，才结婚。妈妈决定要把大姐风风光光地嫁出去，但是大姐这些年挣的钱都花在全家人的身上了，她自己没有任何积蓄。现在，大家也都过好了，大哥、大弟都结婚了，小弟大学也毕业了。我呢，和旭旭也都已经工作了。妈妈决定，成家的经济条件好些，每家出五万。没成家的，我和旭旭，一人出三万，小弟还没找工作，负责出力，以后挣钱了再出钱。总之，咱们一定要把大姐风风光光地嫁出去。"亚楠话音刚落，大嫂和大弟媳妇全都不约而同地叫起来："我们虽然结婚了，但是负担也重啊，还要养孩子，凭什么你们两个只挣不花的只出三万呢！"听到她们的话，亚楠窃喜，说："妈妈，你觉得呢？"妈妈想了想，说："虽然你大哥和大弟结婚了，家里有两个人拿工资，但是他们确实也还要养孩子。古人说：'养兵千日，用兵一时。'要不是你大姐这些年帮着我供养你们，你们根本不可能完成学业，只怕早就饿死了呢！这样吧，让你大哥和大弟跟你们姐妹俩一样，也都出三万吧，拖家带口的也不容易。"听到老太太拍板了，大嫂和大弟媳妇马上高兴得满脸是笑，说："我们都感谢大姐，念着大姐的恩情。"就这样，家庭会议皆大欢喜地结束了，妈妈和亚楠也如愿以偿，让除了小弟之外的每个兄弟姐妹都高高兴兴地出三万元给大姐当嫁妆。

亚楠非常聪明，她在和妈妈商议好让每家出三万元钱之后，并没有直接要求大家都出三万元，她和旭旭都心疼大姐，自然愿意倾尽所有，但是大嫂和大弟媳妇很可能有意见或者不乐意，因此她故意先提出让已经成家立业的大哥和大弟每人出五万元。果不其然，大嫂和大弟媳妇马上表示不满，这时再由妈妈出面唱红脸，最终让他们两家也出三万元。就这样，大家全都高高兴兴地支援大姐结婚，再也没有人感到不满意了。

在生活中，每个人都难免需要得到他人的帮助。毕竟我们个人的能力是有限的，不可能面面俱到。那么，如何提出请求才能避免被拒绝呢？为什么很多人在求助于人的时候总是处处碰壁呢？相反，有些人只要张开金口就总能够如愿以偿，这又是为什么呢？实际上，这都是心理学发挥的作用。只要生命存在，人的心理活动就不会停止。在这种情况下，要想顺利地得到他人的帮助，我们就必须深谙心理学，而且要学会在沟通时灵活地使用心理学。如果刚开始时就提小要求，很有可能就会被拒绝；反之，如果能够委婉曲折地先提大要求，在被拒绝之后以退让的方式再提出小要求，自然就更容易得到他人心甘情愿的帮助。诸如，在商场里与人砍价时，你可以先提出苛刻的超低价格，然后再给对方提高到你所期望的价格，对方必然不好意思继续拒绝你，也会因为你降低了砍价的标准而很乐意退让一步帮助你，如此一来，你就得偿所愿了。求人帮助也是如此。我们只有深谙心理学，掌握求人之道，才能在社交场上如鱼得水。

背后赞美，交际效果事半功倍

琼斯家最近准备举办一次家庭宴会，会邀请亲朋好友，还有关系比较好的同事，等等。总而言之，这次宴会规模很大，仅靠琼斯一个人的力量根本不足以完成。如果特别聘请一个厨师，则又会增加费用，而且厨师的美食水准也未必很好。思来想去，琼斯想要邀请邻居玛丽过来帮忙。琼斯曾经吃过玛丽做的甜点，一点儿也不比饭店里的口味差，堪称美味。琼斯想：要是能邀请玛丽来做甜点，一定能让整个宴会的格调都提高很多。的确，对于他们这群热爱甜食的人而言，甜点是宴会上的点睛之笔。不过，琼斯和玛丽并不很熟，只是有过几面之缘而已。思来想去，琼斯想到了一个好办法。

有一天，她在社区里转悠，装作偶然的样子遇到了与玛丽关系最好的露西。琼斯看到露西之后，说起自己家要办家庭宴会的事情，顺其自然地说起了菜单。当提到甜点时，琼斯眼前一亮，带着非常羡慕的口吻说："整个社区里，我觉得做甜点最好吃的就是玛丽。记得我曾经吃过她送的一次甜点，简直比在大酒店吃的更美味啊！你跟她熟悉吗？你吃过她的甜点吗？"露西笑着说："当然，她的甜点手艺堪称一流，曾经还有酒店请她去做甜点呢！"琼斯无比崇拜地说："她可真是甜点女王啊！"后来，露西遇到玛丽，特意把琼斯的这番话说给她听，玛丽不由得对琼斯产生好感，也更加为自己的甜点感到骄傲了。直到宴会前几天,琼斯专程登门拜访玛丽,邀请玛丽帮助她一起完成家庭宴会,玛丽几乎不假思索就同意了。琼斯很清楚,这一切都归功于她上次当着露西的面赞美玛丽,这是背后赞美在发挥神奇的作用。

在这个事例中,琼斯无疑是深谙心理学之道的。她很清楚自己与玛丽的交情还不够深,而为了在短时间内尽快博得玛丽的好感,加深与玛丽的交情,她没有与玛丽套近乎,而是主动与露西接触,并且当着露西的面说了很多夸赞玛丽的话。当露西把这番话转达给玛丽时,玛丽自然对琼斯产生了好感,并且从心底里愿意与琼斯亲近。就这样,在一番酝酿之后,当琼斯去请求玛丽帮助她一起操办宴会时,玛丽几乎不假思索地一口答应。

在大多数情况下,人们都渴望得到赞美。然而,当面赞美虽然效果很好,但是如果稍有不慎,尤其是在有求于人的时候,就会给人以虚伪的感觉。背后赞美则完全不同。背后赞美首先并不是直接地赞美,而是当着第三人的面赞美对方,因而你赞美的动机会显得非常纯粹,即你一定是出于真心才会在背后赞美他人。当这番溢美之词通过他人之口传到当事人耳中时,当事人一定会非常感谢你的真心赞美,也会相应地对你产生好感。由此一来,你与对方的关系当然会变得更加亲密,当你提要求的时候,对方作为回报也不会拒绝你。由此可见,背后赞美虽然不是当面赞美,但是效果却更加显著,而且拥有强大的力量。因而,在与他人交往的过程中,如果你想给他人留下好感,拉近自己与他人之间的关系,你就可以采取背后赞美的方式表达真心实意。如果你还想有求于人,那么你也可以运用这种心理学策略,故意在与对方熟悉的第三人面前赞美对方,相信不久之后你的赞美就会传到对方的耳朵里,给对方以大大的惊喜。

只要心理学技巧运用得当,求人办事并非很难。背后赞美他人就是求人的必备武器之一,要想在社交场合游刃有余,我们一定要好好掌握这项心理学策略!

推销自己，积极展示自身价值

在这个世界上，除了父母会心甘情愿、不求回报地对我们好之外，没有任何人会无条件地为我们付出。正是因为深谙这个道理，所以李鹏才在社交上如鱼得水。原来，他与人交往的小秘密就是，展示自己的价值，得到他人的认可和尊重。

在通常情况下，人们习惯于低调。但是现代的社交场则不同，尤其是在职场上，很多人在结识一个人时，首先会权衡这个朋友是否值得交往，能否给自己带来帮助。因而，展示自己的价值不但能够得到他人的认可，也可以更加成功地推销自己，可谓一举两得。就像在这次校庆的聚会上一样，大多数校友都是抱着看热闹的心态来的，李鹏却准备了很多名片。每见到一个校友，李鹏都会主动给他们发名片，并且告诉对方自己现在正在从事的工作。如此一来，当校友们觉得日后也许会与李鹏有交集时，他们就会细心地收好他的名片。无形中，李鹏不但让自己知名度提高了，而且也找到了很多潜在的客户。原来，李鹏现在经营一家设计公司，主要给家庭或者写字楼设计装修方案，他是老板。一想到自己的家或者公司在装修的时候能省一笔钱，几乎没有人随手丢掉李鹏的名片。相反，他们在聚会结束后很快就加了李鹏的微信，并且约定要互通有无、互相帮助。就这样，李鹏的人脉资源越来越丰富了。

要想成为社交场上的达人，并且拥有更多的人脉资源，我们显然需要展示自己的价值。尤其是当你的价值很容易为他人提供帮助时，这种展示就更有意义了。众所周知，人是群居动物，人们习惯于在人群中生活，再加上现代社会的分工越来越明确，人们之间的合作越来越频繁。即使只是一个收旧货的人，你也不能保证自己始终不需要他的帮助。万一你租住的房子到期了，有很多家具电器带不走呢？万一你想要找到一件老旧家具装饰你的新家，却始终找不到呢？你都有可能需要联系这个每天都与二手旧货打交道的人。

人在职场，在很多情况下，我们都需要推销自己。其实，现代社会的很多工作都是首先推销自己，然后再推销自己代理的产品，或者推销自己的工作能力和专业技能。由此可见，推销自己多么重要。在社会交往中，我们要在第一时间记住他人的名字，与他人相识时，也要强力推销自己，让他人在最短的时间内记住我们的名字。唯有如此，我们与他人才算正式认识，才有可能继续交往下去。你的价值有多大，就决定了他人想要与你交往的愿望多么迫切。相反，如果你对他人而言没有任何价值，那么他人很可能根本不屑于与你相识。这就是价值的魅力。从这个角度来说，我们固然要向他人展示自己的价值，我们更应该在此之前就努力提升自己的价值。因为我们在人群中受欢迎的程度，完全取决于我们的价值。

坦承困难，启动他人恻隐之心

很久以前，阿拉伯帝国的倭马亚王俘虏了波斯帝国的太子，并且下令要砍掉太子的脑袋。曾经，太子英俊潇洒，受到波斯帝国万众敬仰。如今，他却沦落到阶下囚的地位，变得憔悴不堪，昔日的威风消失得无影无踪。在即将被砍头之时，他可怜兮兮地恳请倭马亚王："尊敬的王啊，您无所不能，万众敬仰。在被砍头之前，您能不能允许我这个将死之人喝一口水呢？我实在是太渴了，难道您忍心看着我口干舌燥地被砍头吗？请您可怜可怜我这个阶下囚吧！"看到曾经贵为太子的人今日如此凄惨，且苦苦哀求，倭马亚王不由得动了恻隐之心，他答应了太子的请求，并且命令侍卫端来一碗水给太子喝。

不想，焦渴万分的太子虽然手里捧着水，但是却迟迟不敢喝。倭马亚王问："你为什么不喝水？"太子颤颤巍巍地说："我害怕。我怕我仰头喝水时，会有人一刀砍下我的头。"倭马亚王说："你快喝吧，不会有人趁机砍你的头。"这时，太子马上趁势核实："您能保证在我喝下这碗水之前，肯定没有人砍下我的头吗？"倭马亚王看着即将失去生命的太子，信誓旦旦地保证："我发誓，在你喝下这碗水之前，肯定没有人敢拿刀砍下你的头。"这时，只见太子以迅雷不及掩耳之势把水泼到地上，倭马亚王虽然发现自己上当受骗了，但是他作为一国之君必须一言九鼎。就这样，他再也不能砍掉太子的头了。

在这个故事中，太子表现出了他的聪明才智。而威风凛凛的倭马亚王之所以上当受骗，就是因为他对即将被砍头的太子动了恻隐之心。人的本性就是同情弱者，这也是眼泪常常能被用作百战百胜的武器的原因之一。如果倭马亚王能够快刀斩乱麻，不理会一个将死之人是否口渴这个小小的要求，也许太子的脑袋早就被砍下来了。可见英雄也有儿女情长的时候，更何况是普通人呢？

在通常情况下，人们总是对于那些比自己强的人虎视眈眈，而对于那些比自己弱的人，反而会产生同情之心。他们更容易被弱者的请求打动，甚至满足弱者的请求。如果我们在人际交往中也能抓住人们的这种心理，使用心理学社交策略和沟通策略，在需要寻求他人帮助时首先诉说苦楚，往往就能够如愿以偿地得到帮助。在现实中，最吃亏的就是那些明明实力比较弱，但是却佯装强势的人。他们不愿意示弱，也就得不到他人的慷慨相助，只能打肿脸充胖子，打落牙齿往肚子里咽。虽然面子问题事关重大，但是也应该分情况区别对待。当很多问题都比顾全面子更重要时，我们就应该无所顾忌地展现弱势。其实，面子问题虽然历来重要，但是生命的很多需求都更加重要，或者在遇到难以迈过去的坎儿时，只有及时求助，才能顺利渡过难关。这一点是毋庸置疑的。

当然，诉说苦楚的目的就是激发他人的同情心。在这种情况下，我们的诉说必须是有目的、有针对性的。我们首先应该表明自己之所以求助，纯粹是迫于无奈，即表明情势的紧急和严重。其次，我们还可以把对方也当成是自己的同盟军，甚至还可以表明自己所求助之事也与对方有密不可分的关系，当帮助他人就等于帮助自己时，人们怎么会拒绝呢？总而言之，只要我们充分了解心理学策略，再多多了解被求助者的为人和脾气秉性，我们的求助就更容易成功，我们也才能如愿以偿。

主动施惠，可能收获涌泉相报

大学毕业后，徐雪一时间没有找到合适的工作，就应聘去百货大楼当了一名销售员。一个周末的下午，天降大雨，电闪雷鸣，商场里门可罗雀。在这样恶劣的天气里，大多数人都留在家里，谁还愿意顶风冒雨地出来呢！正在徐雪与其他几名同事闲聊之际，有个老妇人匆忙地推门走了进来。不用问也知道，这个老妇人一定是避雨的，因此其他同事都只是漠然地看了老妇人一眼，就自顾自地继续聊天了。徐雪看到老妇人手足无措的样子，赶紧迎上前去，问："请问有什么可以帮助您的吗？"老妇人感激地说："不需要，谢谢你。我只是来避雨的，并不是准备购物的。"徐雪拿出自己的板凳送给老妇人坐下来，说："地上比较滑，您还是坐一会儿吧，看样子，雨一时半会儿也停不下来。"老妇人再次感谢了徐雪，就坐下来安静地等待着雨停，时不时地也会侧耳倾听几个销售员聊天。

足足等了半个多小时，老妇人不停地看时间，徐雪猜到她也许着急走，因而把自己的雨伞拿给她，说："如果您赶时间，可以打着我的伞先走。我距离下班还有一段时间呢，也许到时候雨就停了。"老妇人赶紧推辞，徐雪却说："您年纪大了，不能淋雨，否则容易生病。我身强体壮的，即使下班时雨没有停也没关系，再说了，淋淋雨还凉快些呢！"看到徐雪态度这么真诚，老妇人接受了雨伞，马上就离开了。过了一个多月，徐雪突然接到一封表扬信。原来，信是老妇人的儿子写来的。巧合的是，这个老妇人的儿子是百货大楼的供货商之一，他热情地邀请徐雪去他的公司工作，还承诺让徐雪担任办公室主任呢！他在信里说："你对一个陌生的老人都如此热心周到，我想由你担任我的办公室主任，一定会让每一个大驾光临的人感到宾至如归。"就这样，徐雪意外地得到了一份让她满意的工作，成功地改变了自己的命运。

当然，在收到这封信和邀请之前，徐雪并不知道自己遇到了生命中的贵人。她只是凭借单纯、善良的本性，顺其自然地帮助老妇人。在很多时候，机会正是在不经意间到来的，哪怕是人生的重要转折，也往往由你所做的一件不经意的小事决定。知道别人是贵人才去阿谀奉承，那是虚情假意。不知道别人是贵人，而竭尽所能地帮助他人，才能证实你的品质。在生活中，几乎每个人都需要他人的帮助，也几乎每个人都有机会帮助他人。我们只有善良、真诚地对待那些需要帮助的人，并且慷慨地伸出援手，才能为自己积累更多的人脉关系，为自己的成功铺平道路。

我们的生活中一定有很多人，他们或者与我们熟识，或者与我们有一面之缘，或者是我们的朋友，或者是我们的亲人，也或者是与我们的关系不远不近的同事。不管对于谁，只要我们曾经得到他们的慷慨相助，就应该始终牢记着他们的付出，等到他们需要的时候，等到我们有能力也有机会的时候，我们就应该给予这份付出最大的回报。唯有如此，我们才能让爱在我们的手里传递下去，不但让我们与他人之间的关系在礼尚往来间变得更加深厚，也可以使整个社会都变得更加温暖。

有些时候，也许那些帮助我们的人并不索取回报，那么我们也可以把这份爱和力量传递给更需要的人。曾经有名清洁女工在擦玻璃的时候不小心散落了一万多元的积蓄，因为大风，她只捡回来很少。然而，在媒体公布她的账号信息，请那些捡到钱的人通过汇款的方式把钱还给她时，她却在3天的时间里意外地收到十几万元的善款。她和丈夫经过商议，只留下他们遗失的积蓄，而把大部分钱都捐给希望工程，资助那些有需要的孩子们读书。这样的精神和胸怀，让每一个知道的人无限感慨，也使整个世界都充满着爱的力量。

　　现代社会，大多数人都已经意识到社会交往的重要性，也深知丰富的人脉资源是不可多得的财富。然而，不管做什么事情，临时抱佛脚都是行不通的，我们只有在日常生活中多多积累，才能无心插柳柳成荫。尤其是对于那些原本就值得我们交往的人，我们更应该主动施惠，但是需要注意的是，千万不要表现出明显的功利性，否则就会把对方吓跑，甚至对你心怀戒备。总而言之，虽然付出未必有回报，但是不付出就肯定没有回报。既然是举手之劳的事情，我们为何不抓住机会多多帮助他人呢？尤其是在职场上，很多看似不起眼的小人物都有可能决定你的命运，因而你就更要多多用心啦！

软磨硬泡,曲线撼动难解僵局

阳阳的女朋友是个湖北籍的娇小女孩,只有一米四多一点儿,看起来就像是十来岁的小姑娘一样。其实,作为山东人的阳阳本身也不很高,只有一米七。然而,当他兴冲冲地带着这个女孩见父母时,父亲却气得当即拂袖而去。原来,父母觉得阳阳不高,总是希望阳阳能找到一个身材高挑的女孩,这样也可以改良基因,使后代能够长高一些。看到父亲的反应,阳阳很吃惊。原本,他以为女朋友皮肤白皙、性情温和,一定能得到父母的喜爱呢!

看到父亲拂袖而去,母亲也显得很尴尬,匆匆吃了几口饭,也找了个借口走了。饭店里只剩下阳阳和女友,女友不由得伤心地哭了起来。他们已经在一起相处三年了,也已经同居一年了。虽然没有结婚,但是过的却是夫妻的生活,分手显然不可能。但是未来公婆的态度如此坚决,女孩很发愁。阳阳一个人回到家里,想方设法地给父母做工作,无奈父母死活也不同意,还说要是阳阳坚持,就断绝父子、母子关系。眼看着事情陷入僵局,阳阳也曾经与父母闹过,但是最终还是行不通。思来想去,他决定采取"软磨硬泡"的方法。接下来的又一个三年中,阳阳依然与女友同居,不管父母给他介绍条件多么好的女孩,他都不为所动,也不相亲,也不分手,也不结婚。父母看着已经过了三十的他依然没有正式地成家立业,不由得心急如焚,这时他说:"婚姻是我一辈子的大事,我必须遵从自己的内心。我喜欢素素,你们就不要再阻止我了。即使一辈子不结婚,我也不会妥协的。"就这样,阳阳最终通过这种消极抵抗的方式,逼得父母改变了主意,勉强答应了他结婚的请求,而且还不得不强颜欢笑地迎接儿媳妇进门。当然,儿媳妇也是很通情达理的,对于公婆妥协之后的认可,她很珍惜,也很孝敬公婆,最终精诚所至,金石为开,真正赢得了公婆的喜爱。

毫无疑问,阳阳和女友都是非常有韧性的人。面对父母的坚决反对,甚至是以断绝关系相逼,他们只能默默坚守,在试过各种方法之后,最终选择软磨硬泡。其实,每个父母都是爱孩子的,不管他们做出何种决定,都是为了孩子好。当他们看到自己的坚持已经影响了孩子的幸福,就会劝说自己选择放手,给予孩子自由选择的空间。如此一来,阳阳和女友当然能在一起啦。

人生中有很多事情都是不能如愿的,细心的人会发现,很多男人之所以在与女人的争吵中败下阵来,就是因为败在女人的软磨硬泡上。既然如此,那么当我们与不能公然对着干的人产生分歧时,与其破坏彼此间的感情,不如软磨硬泡,让对方最终因你的坚定、执着而感动,选择成全你,这样的结局可谓皆大欢喜。也许有些人脸皮比较薄,总觉得软磨硬泡和死皮赖脸根本没有什么区别。其实不然,死皮赖脸是一种无赖的姿态,软磨硬泡表现出的则是坚定不移和足够的耐心。实际上,有几个求人办事的人不是厚着脸皮呢!和很多事情的成败、性命攸关比起来,脸皮并非那么重要。只要不是毫无原则和底线,在适度范围内的软磨硬泡,就完全是可取的求人的好方法之一。当然,软磨硬泡也并非是消极被动地等待。就像是上述事例中的阳阳和女友一样,虽然他们以拒绝父母安排的方式拖延时间,但是他们与此同时也做着很多积极的努力,最终才能使事情朝着他们预想的方向发展。因而,我们的重点在于"磨",而不仅仅是无为的"泡"。

当然,任何方法能够取得成功,都有其精妙之处。软磨硬泡的人首先要做好打持久战的准备，调整好自己的情绪，既然决定软磨硬泡，那么就不要再轻易发火或者急躁。对于很多使用软磨硬泡心理策略的人而言，时间就是他们最强有力的武器，因而在漫长的等待中静下心、沉住气是必需的。此外，为了使软磨硬泡的效果更好，我们也可以适当地使用赞美的方法，从而达到事半功倍的效果。总之，我们必须根据具体的事情和所面对的人，综合考虑和衡量，才能选择和确定最佳方案，使一切都尽量朝着我们预想的方向发展。

第九章

委婉拒绝，
让人有尊严地收回不情之请

在与人交流沟通的过程中，照顾对方的情绪是维持和谐人际关系的必备素质，热心是不容置疑的美好品质，但是我们也绝不能毫无底线地去迁就别人，舍弃原则地满足别人的不情之请。因此，拒绝也是沟通中必不可少的一门课程。掌握沟通中的拒绝技巧，学会适当的拒绝别人，才是既重视他人又重视自己的平等的沟通方式。

贬低自己，对方自会收回不情之请

作为一家国企的新进职员，王宇每天都有做不完的工作。一则是因为上司的确给他安排了很多工作，二则也是因为他很乐于助人，同事们不管有什么事情，都会第一时间找到他帮忙。一天下午，上司找到王宇谈心，想把一份重要的工作交给王宇。

上司说："王宇，你进入公司半年来的表现大家有目共睹，我觉得你的确是一棵值得栽培的好苗子。是这样的，公司最近呢刚刚接了一个大项目，这个项目非常重要，我必须托付给一个认真负责的人。你也知道，办公室里很多同事都有家室的拖累，只有你目前是一人吃饱全家不饿，因此我与几个技术骨干一碰头，都觉得这个项目交给你最合适。"还没有了解项目的具体情况，王宇就赶紧表示拒绝。当然，对于上司的这番器重，他是不好意思直接拒绝的，因而他委婉地说："张总，我当然愿意为公司效犬马之劳。不过，这个项目如此重要，我真觉得力不从心。您也知道，我现在身兼数职，但是一直都是一些零碎的事情，根本与这种大项目搭不上边。虽然我不是应届大学毕业生，但是此前一直都在小公司工作，缺乏运作大项目的经验。要是您真的信任我，认为我能干好，非要求我上，那您就给我派几个技术骨干吧，我主要负责给他们跑跑腿。如果没有他们把关，我万一把项目搞砸了，那就太对不起您和诸位领导的栽培了。"听到王宇的话，上司马上就明白了王宇的意思。他笑了笑，说："经验的确至关重要。这样吧，我再看看有没有更合适的人选。咱们再议，好吧！"

在这个事例中，上司对于勤奋的王宇，显然想把很多工作都交给他，这也是很多国企的显著弊端，即累死能干的，闲死偷懒的。但是等到真正分功劳的时候，还是要优先考虑那些老资格。虽然王宇不吝惜力气，但是一个人的时间和精力毕竟是有限的。尽管王宇是个单身汉，但是也有很多私人的事情需要花费时间处理。因而，对于上司无休止地把工作堆给他，他首先自我贬低，承认自己能力不足，也缺乏经验。接下来，他又变相地以自己要为技术骨干跑腿为由，看似是贬低自己，实则是在向上司要求升职。升职当然不会被同意啦。如此一来，上司也就不会再把项目分配给王宇了。

在职场上，同事与同事之间的关系是非常微妙的。尤其是上下级之间，更是牵一发而动全身的。因而，我们要想在职场上受人欢迎，就必须掌握好微妙的平衡，这样才能明哲保身，也不至于得罪他人。大家都知道，很多人一旦被拒绝，就会怀恨在心。但是这种贬低自己的拒绝方式，看似谦逊，实际上却很好地避免了被他人怀恨，从而达到拒绝他人的目的。从本质上来说，这种拒绝方式是非常委婉的。不过，一旦被拒绝，他人就不好意思再强人所能地要求你做出违心的事情。其实，不管采取哪种方式，只要能够在不得罪人的情况下成功地拒绝他人，捍卫我们的合法权益，不委屈我们自己，就是拒绝的好方法。需要注意的是，在贬低自己的时候一定要适度，否则，一旦给上司留下能力不足的印象，就得不偿失了。

巧用暗示，委婉拒绝保全双方颜面

有一天，著名舞蹈家邓肯写信给大名鼎鼎的爱尔兰剧作家萧伯纳，并且在信中表白："假如我们结合，一定会生出一个非常聪明、漂亮的孩子。他会有着和你一样充满智慧的头脑，还会有着我这样曼妙的身材，这件事情想想就让人无限憧憬！"萧伯纳看了信之后，觉得自己和邓肯并不合适，因而写了一封回信给邓肯，并且在心中委婉、幽默地回绝道："我很担心，如果这个孩子的身材像我，而头脑像你，那岂不是太糟糕了吗？我觉得，咱们还是不要这么冒险才好呢！"看了萧伯纳的回信，邓肯当然领悟到其中拒绝的意思。不过，她丝毫不憎恨萧伯纳，反而成了萧伯纳忠心耿耿的追随者。每当萧伯纳有剧作要上演，她都会前去剧院观看捧场。

作为意大利著名的音乐家，罗西尼出生于1972年2月29日。这个特殊的日子每4年才有一次，因而罗西尼每4年才过一次生日。等到他72岁的时候，也不过才过了第18个生日。得知这个盛大的日子即将到来，很多好朋友一起筹集资金，准备在他生日的时候给他树立一座雕像，以此纪念这个伟大音乐家的诞辰。然而，当得知朋友们的好心之后，罗西尼很不赞同。显而易见，如果直截了当地拒绝朋友们的好意，则肯定会使朋友们伤心。

第九章 委婉拒绝，让人有尊严地收回不情之请

因而，罗西尼急中生智，幽默地说："这么多钱浪费了多可惜啊，要不这样吧，你们把钱给我，我亲自去站在那里当雕像。"朋友们听了罗西尼的话都哈哈大笑起来，也领悟到他的真心真意，因而再也没有人提起树立雕像的事情了。

在第一个事例中，对于邓肯真诚的求爱，萧伯纳如果拒绝方式不得当，很容易就会伤害邓肯温柔、细腻的心。因而，他最终采取幽默的方式，表达了自己对孩子未来的担心。如此一来，聪明的邓肯当然意识到萧伯纳的拒绝之意，因而也就不再强求了，还与萧伯纳成为好朋友。在第二个事例中，年届古稀的罗西尼根本不同意朋友的好心好意，因而以心疼钱为借口，开玩笑地说自己要站在那里当雕像，这当然是朋友们所不能接受的。就这样，在哈哈大笑之中，大家全都偃旗息鼓，再也不提这件无法得到罗西尼认可的事情。

越是熟悉的朋友或者亲人之间，因为彼此有感情的基础，所以拒绝就越要讲究技巧和方式；否则，我们在拒绝他人的同时，就会失去了他人的情谊。只有恰到好处的拒绝方式，才能保全彼此间的情谊，使对方虽然遭到拒绝，却依然与你是朋友，对你不离不弃。要想做到这一点，在拒绝他人时，我们首先也是必须要考虑的，就是顾全他人的面子。在很多情况下，人们之所以一旦被拒绝，就终止友谊，就是因为觉得丢了面子。而暗示的方法恰恰能够很好地避免这种情况的发生，使对方既领会到你的意思，也不再旧事重提。如此一来，可谓皆大欢喜。

需要注意的是，语言的暗示贵在使人心领神会。如果过于含蓄，则你虽然说完了，但是对方却不知所以，就无法达到拒绝的效果。与此相反，如果暗示太过直白，就无法起到保全对方颜面的作用，也会导致事与愿违。唯有把握好合适的度，才能既委婉曲折，又如愿以偿。当然，根据拒绝对象的不同，我们也要不停地调整这个度。如果你面对的是一个感情细腻、内心敏感

的人，那么点到为止就好。如果你面对的是一个神经大条、大大咧咧的人，那么你最好还是把暗示说得明显一些；否则，无法起到预期的效果。任何与人打交道的事情，都要以人为本，从人出发，因人而异。

第九章 委婉拒绝，让人有尊严地收回不情之请

拒绝他人，一定要搭好台阶给人下

佳宝进入公司已经好几年了，工作上一直勤勤恳恳、兢兢业业，深得领导喜爱。不管有什么大事小情，上司总是习惯于第一时间找佳宝，似乎只要把事情交给了佳宝，就算进了保险箱。如此时间长了，佳宝越来越忙碌，甚至根本没有空闲的时间。而看看其他同事，有的时候手里的活儿忙完了，还有时间发发呆，在网上看看花边新闻，但是工资和佳宝的工资相差无几。佳宝所得到的，也只不过是上司有时候的口头表扬而已。眼看着有几个和自己差不多时间进入公司的同事，都已经成为部门的小主管，或者升任外地分公司的主管、经理等职务，佳宝扪心自问：我并不比他们差，为什么始终得不到晋升呢？后来，佳宝好不容易才从一个昔日的同事、如今其他部门的张主管口中得知，公司高层领导早就想要提拔佳宝，但是佳宝的顶头上司却总是以"佳宝办事能力很强，但是管理能力还有所欠缺"为由委婉拒绝。实际上，张主管告诉佳宝："哪个上司不想手下有个能干的、值得托付的人呢！如果说你得不到晋升有什么理由，那就是你太能干了，你的上司不想放你走，他去哪里还能找到这么勤奋踏实、任劳任怨的人呢？"佳宝恍然大悟。他决定改变自己，不再任由上司调遣，这样也许能够找到一条晋升之路呢！

当天快下班时，上司又拿着一摞厚厚的文件来找佳宝，说是需要当晚赶

出来。佳宝不假思索地说："实在对不起，领导。我今天不能加班，我妈从老家来看我，找不到路，我必须去接她。而且她给我带来了冬天的衣服被褥什么的，特别重，她也拎不动。"听到佳宝的话，上司马上说："哦，那你赶紧下班吧，提前一会儿也行，我再安排别人。"就这样，佳宝以要去车站接妈妈为由，委婉地拒绝了上司的加班要求，并且显得理所当然，也没有让上司面子上难看。不过，等到上司下一次再提出这种不情之请时，佳宝又该如何应对呢？这是必须认真考虑和慎重对待的问题。

虽然拒绝了上司的加班要求，但是佳宝总算给出了一个合理的理由，并没有明显地驳上司的面子。在这种情况下，上司如果毫无觉察，则下次肯定还会继续给佳宝分配多余的工作，因而佳宝此次拒绝只能算作权宜之计，他必须要想出更加合理和长久的理由，才能真正站得住脚。否则，等到被上司意识到佳宝是在欺骗他，他非但不能寻找到晋升之路，也许反而会弄巧成拙。因而，我们在拒绝他人时，一定要搭好台阶给对方下，这样才能既合理拒绝，又顾全对方颜面，让对方感觉到你的心意。

人生在世，难免有求人帮忙的时候，也难免会被别人求助。当别人的求助超出我们的能力范围，使我们感到为难时，我们必须拒绝对方。在这种情况下，一旦拒绝不当，就会伤害彼此之间的情谊，甚至为此失去朋友。只有找到委婉的拒绝方式，而且在拒绝他人时给他人搭好台阶，才能最大限度地避免伤害他人的颜面和与彼此间的友情。其实，每个人在向他人提出请求时，心里已经想好了有可能被拒绝的后果。因此，我们在拒绝他人之前，首先应该认真倾听他人的诉求，这样才能做到委婉，才能尽可能顾全他人颜面。当我们真诚地说出充分理由时，对方即使被拒绝，也会感受到你的确心有余而力不足，或者是真的有难言之隐，因而选择理解和体谅你。需要注意的是，千万不要随便找理由搪塞他人，他们很可能会察觉到你内心的真实状态。因而，找台阶必须用心，才能达到预期的效果。

第九章 委婉拒绝，让人有尊严地收回不情之请

无声回应，有时沉默是最好的拒绝

人们常说的七年之痒，在如今小凡和子诺的婚姻中也出现了。也许是因为当年一见钟情，飞速闪婚吧。小凡和子诺的确在婚后度过了一段幸福的日子，甚至还惹得身边的亲戚朋友们全部把他们当婚姻的典范。然而，爱情总是如烟花般绚烂，在闪婚第七个年头的今天，他们也走上了决裂的道路。

原本，小凡和子诺的婚姻生活很幸福，他们还有了一个3岁的女儿，就像小天使一样可爱。然而，毕竟7年的朝夕相处使人产生了审美疲劳。在一次出差的旅途中，子诺与同行的女秘书发生了一夜情。或者是酒精的作用，或者是意外，也或者是命中注定。总而言之，这件事情发生了，再也无法挽回，而且被小凡发现了。从发现这件事情的那一刻开始，小凡就不再说任何一句话。最终，小凡在经过慎重考虑之后提出了离婚。对于小凡，子诺是很愧疚的。眼看着原本幸福美满的家庭危在旦夕，子诺也痛心不已。在约定去拿离婚证的那天早晨，子诺还在苦苦地哀求小凡："小凡，看在孩子的分上，你就原谅我吧，我保证我以后绝不再那样了。我给你写保证书，行不行？"小凡悄然走了出去，只丢下一句："民政局见。"这是小凡得知子诺出轨之后说的唯一一句话。子诺当然了解小凡的个性，也知道小凡眼里从来揉不得沙子。最终，在小凡长久的沉默中，子诺只得同意离婚，并且按照约定的时间到达

民政局，与小凡办理了离婚手续。

7年的夫妻，即使爱情消散了，也一定有亲情，有感情，有对孩子共同的爱。然而，小凡之所以在得知子诺出轨之后一语不发，其实是因为处于一种极端抗拒的状态。沉默，有着千面的姿态，有时代表包容，有时代表隐忍，有时代表心有灵犀，有时则代表决绝的对抗和拒绝。因而，当看到小凡一语不发的样子时，子诺就知道大事不好，只能尽力哀求，而任由子诺做出任何决定。

说话是人类的一种本能，不管面对任何人、任何事，也无论我们说的话是否有意义，说话通常会成为我们习惯性的反应。因此，沉默反而显得很难得，人类学会说话往往需要一年的时间，而学会沉默却是一生的功课。有些事情确实需要积极表达，但有些事情却需要我们保持沉默。沉默很多时候意味着沉思，而思考往往能够让我们做出更准确的判断以及更恰当的应对。在有些时候，我们也会用沉默来表达态度，态度显现出沉默的价值，"沉默是金"的价值。

对于情绪，每个人都有不同的发泄方式。有的人喜欢通过大喊大叫、歇斯底里发泄情绪；有的人喜欢在伤心的时候默默流泪，在高兴的时候喜极而泣；还有的人选择沉默。人的心，就像有一扇大门，时而敞开，时而封闭。当一个人沉默不语时，他显然已经关闭了通往外界的门，从这个角度来说，沉默所表达的拒绝是更加坚定不移的。不管是在生活中还是在工作中，当我们需要拒绝他人而又不想用语言表达，或者不愿意直接与对方沟通时，我们不妨就表现出沉默的样子，从而表明自己的立场，让对方知道我们心意已决。尽管语言是人们彼此之间交流的最有效工具，但是偶尔语言的交流并不能如愿以偿地起到作用。反倒是沉默，更容易让人们明白心意，使一切都尽在不言中。

截话之术,在对方请求前先发制人

林强独自在这座城市生活,他的父母都在遥远的农村。不过,和很多举目无亲的人相比,林强还有个姑姑也在本市,好歹周末或者节假日休息的时候,还有个串门的地方。有一次,林强的爸爸来城市探望林强,还特意给姑姑带了很多土特产,就是想让姑姑多多照顾林强。这几年来,林强没少去姑姑家里蹭饭,和姑姑全家都非常熟悉了。

这段时间,林强谈了个女朋友,准备买房结婚。父母一辈子面朝黄土背朝天,当然是没有能力在经济上支援林强了。眼看着女朋友的妈妈逼得越来越紧,林强无奈之下只好去姑姑家碰碰运气。到了姑姑家,林强吞吞吐吐地说起买房子的事情,还不等他说出借钱的请求,姑父就先发制人地说:"你这小子,和你表哥神同步啊!你表哥最近也在看房,和你一样被丈母娘逼得走投无路。也不知道现在这房子怎么这么贵,一套房子居然一百多万,我和你姑姑攒了一辈子的钱,还不够他的首付款呢!这段时间,我和你姑姑也是焦头烂额,四处托亲戚找朋友借钱。"听了姑父的话,林强硬生生地把借钱的事情咽了下去。既然表哥也在买房,那么姑姑和姑父当然不可能有钱借给他用了。看着林强失落地告辞了,姑姑埋怨姑父:"你呀,孩子抹下面子来一趟,你连话也不让他说完!"姑父笑着说:"我这是为他好啊!就算他说出来借钱的事情,咱们也的确没钱借给他啊。与其等他说出来再拒绝他,不如把他的话拦住,这样他也不显得尴尬啊!你觉得呢?"姑姑无奈地叹了口气,说:"也是。一文钱难倒英雄汉啊!要不是咱们儿子也要买房,真该帮帮他,毕竟还有我哥哥的老脸呢!"

对于他人的求助,历来以借钱是最为难的。现代社会人情淡漠,人们越来越注重个人的利益,因而如果不是关系到位,则很少有人愿意把钱借给别人用。对此,不管是张口借钱的人,还是张口拒绝他人借钱的人,都觉得万般为难。姑父猜中了林强的心思,抢先把话说了出来,从而让林强打消了向他们借钱的念头,这说来也是件好事情。否则,等到林强真的张口借钱,他们再说儿子也要买房,一则有找借口的嫌疑,二则也显得不那么真诚。因而,在拒绝他人时,我们未必都要等到他人说出不情之请。如果你很了解对方,知道对方有求于你,你就完全可以这样抢先截住对方的话,不让对方说出请求,从而避免双方尴尬。

在战场和生意场上,人们最讲究的就是抢占先机。实际上,人际交往和交流也有先机可占。与其等到他人把请求说出来,再想方设法地找理由拒绝,不如在猜透他人心思之际就先发制人,这样就可以截住对方的话,从而使对方免遭被拒绝的尴尬,也使你无须煞费苦心地拒绝他人。这样虽然算不上皆大欢喜,但是也能顾全颜面。当然,截话也要分时间和场合,也要因时因地因人制宜。归根结底,我们在人际交往中的对象是活生生的人,而不是任何生硬僵化的理论。无论采取何种方式拒绝他人,和平共处都是首要原则。如果截话过于生硬,甚至丝毫不顾及对方的情绪体验,则很容易伤人。只有选择在恰当的时机自然地说出我们的难处,才能成功阻截他人,而且不至于伤害他人感情,也使人们彼此之间的情谊在遭遇拒绝风波之后,也能依然一如往常。

第九章　委婉拒绝，让人有尊严地收回不情之请

迂回引导，争取掌握话题的主动权

著名画家张大千留着长长的胡须，而且爱自己的胡须胜过生命。有一次，几个朋友在一起吃饭，酒过三巡时，有个朋友一时兴起，不停地拿张大千的胡须开玩笑，并且伙同另外几个朋友一起调侃张大千。对此，张大千先是沉默不语，后来实在忍无可忍，就开始不动声色地反驳。

张大千不疾不徐地说："看到大家说得这么高兴，我也有个与胡须有关的故事，可以说出来供大家娱乐。据说，当年关羽和张飞阵亡之后，刘备调兵遣将，想要集结兵力为这两个兄弟报仇。听说此事后，张飞和关羽的儿子都争先恐后要当主帅，以便亲手为父报仇。眼看着他们争执不休，为了表示公平，刘备让他们分别讲述各自父亲的战功，谁列举的战功多，谁就有权利当主帅。这时，张飞的儿子张苞抢先说道：'我的父亲当年在当阳桥大展雄风，还战胜了马超，又凭借智慧占领了瓦口，又劝降了严颜，可谓真英雄也。'这时，关羽的儿子关兴也不甘示弱，原本就口吃的他因为紧张，更加结结巴巴地说：'我的父亲有几尺长的美须，当年献帝还曾经亲口夸奖他是美髯公呢！所以，必须由我来当主帅，率领大军为父报仇。'此时此刻，正立于云端的关公气得连声叫骂：'这个无用的不孝子，我斩颜良，杀死文丑，浴血沙场，奋战不已，还单刀赴会，这么多英雄事迹都不讲，只说老子的胡须有什么用处！'"

听完张大千的话，在场的朋友们全都你看着我，我看着你，谁也不知道该说些什么。从这一刻开始，不但当天的宴席再也没有人说起关于胡须的话题，在此之后，也再也没有人以胡须为理由调侃张大千了。

拒绝，真的是一门艺术。在这个事例中，如果张大千对于众人拿他视若生命的胡须开玩笑，当场表示愤慨，甚至与人反目成仇，那么非但无法起到预期的效果，还会被他人视为小气，视为缺乏度量，甚至因此被人诋毁。但是，张大千非常聪明，他没有采取任何过激的举动拒绝大家的调侃，而是采取迂回引导的策略，直接把处于他人那里的谈话主导权收回自己手里，只一个简简单单的故事就让众人面面相觑，不知如何反驳和应对。这样一来，整个宴会席间的气氛全在张大千手中控制着。如果他接下来说些轻松的话，大家就能从尴尬之中摆脱出来；如果他接下来依然一本正经地板着脸孔，大家就会陷入难堪的沉默，甚至正常宴席都会不欢而散。这就是扭转局势、反败为胜，处于主导地位的张大千。

在人多的社交场合，尤其是在有多方参与交谈的情况下，掌握谈话的主导权是很重要的。当我们想要拒绝他人时，如果直截了当地怒斥他人，则很容易导致事情恶化，甚至得罪在场的所有人。因为大家总会觉得，为了大家的高兴，拿你开开涮又有什么呢！其实不然，作为当事人，或者是作为众人调侃的焦点，一定觉得非常尴尬。在这种情况下，最重要的不是反驳某一个人，而是努力夺回谈话主导权，从而改变整个谈话的方向，调转话头。这样一来，拒绝就会变成水到渠成的事情。任何情况下，我们都不主张不加任何掩饰的拒绝，因为这种方式太过生硬，也缺乏回旋的余地，很容易让全场都陷入尴尬的沉默之中。拒绝不但是一门艺术，而且是一门博大精深的艺术，我们唯有掌握拒绝的艺术，才能在社交场合如鱼得水，也才能成为处处受人欢迎的人。

提前预判，巧妙把麻烦挡在门外

最近，购物群里很热闹，原来天猫超市搞了个"吾折天"活动，每个周五下午南京、北京、上海、杭州等城市都有1000个5折名额，限时抢购。为此，购物群里一到周五下午就人声鼎沸，大家都在为"吾折天"活动摩拳擦掌。不过，这个活动每个账户只能参加一次，因而很多生活在热点大城市，诸如北京、上海的人，都很难抢到名额。但是对于一些其他城市，诸如天津、南京，难度就小多了。这不，顿然刚刚抢购了一单寄到天津老家去，因为抢得顺利，所以她又琢磨着再找个在北京不好抢购的账户，替她再下一单到天津去。平日里，顿然和娃娃关系比较好，因而她特意找到娃娃，问："娃娃，你准备在下周五抢购'吾折天'吗？"娃娃说："北京很难抢啊，不过我还是想试试。毕竟5折呢，还是很诱人的。而且，我觉得我一定能抢上，因为我们单位的网特别好。"

听了娃娃的预期，顿然不再说什么了。原本，顿然是想让娃娃帮她把订单下到天津的。但是既然娃娃信心满满，而且认为自己一定能抢购成功，她也就不好再说什么了。毕竟，每个账户的机会只有一次，也不好轻易提出这种不情之请。

在这个事例中，娃娃的预判，成功地把顿然的不情之请挡在了门外。毕竟，5折的吸引力还是很大的。而且，毕竟还有好几次实现的机会，谁也不愿意轻易放弃。娃娃说话是很聪明的，毕竟面对平日里交好的人，如果等到对方提出请求再拒绝，总是显得有那么点儿别扭。但是这样的预判则很好地避免了尴尬的情况，也委婉地阻止了对方说出不情之请。这与截话有着异曲同工之妙，唯一不同在于，截话往往是诉说自己的难处，从而让对方不再说出不情之请，而预判呢，则是对未来即将发生的事情有一个预估，从而使他人也做到心中有数，再确定是否把自己的请求说出来。

虽然我们在很小的时候就听过"孔融让梨"的故事，也一直在接受分享教育，不管是父母还是老师，都告诉我们每当有了好东西，都要与人分享。然而，我们真的无法做到在任何情况下都与他人分享。实际上，人的本性是自私的，再加上凡事都要讲究度，就更要求我们要在力所能及的情况下帮助他人，也要根据自身的情况和自己的实力，千万不要不自量力就承诺给予他人帮助。否则，最终非但耽误了他人的要紧事，而且还会导致自己陷入被动，最终付出了很多却因为结果不够完美而受到埋怨。为了避免这种情况的出现，我们必须学会拒绝。预判的方法，很好地帮助我们表明了心意，从而有效地把麻烦挡在门外。这样一来，我们不但避免了拒绝他人的尴尬，也能使他人免于张口请求之后被拒绝的难堪。

唯有合理地帮助他人，恰到好处地拒绝他人，才能让我们尽享主动的生活。在诸多的拒绝方式中，每种方式都有优点和缺点，因而，我们必须了解这些拒绝的技巧，从而在了解拒绝对象的基础上选择最合适的拒绝方法，做到合理拒绝、友好拒绝。

第十章

良药不苦口，给批评乔装打扮一番

对于赞扬和批评，相信我们每个人都深有体会。从小到大，谁不希望自己得到的赞扬多一些，而批评少一点儿。人总是喜欢听甜言蜜语，谁也不喜欢整天被人批评数落。但是，好的地方需要赞扬，错误时该批评还是要批评。运用烂俗的一句话："批评使人进步。"人只有受到恰当的批评，看到自己的不足，才能及时改正，争取更大的进步。如何让别人接受批评就要看你的表达方式是否恰当了。你说什么样的话，你就是什么样的人。说让人喜欢的话，做让人喜欢的人。

雅量容忍，体面退让

有一个公司的老总要宴请一些生意往来甚密的客户，让新来的主管作陪。饭局定在高级酒店里，宴请的都是些生意上的朋友，宾主之间把酒言欢，其乐融融。酒至半酣，气氛微醺，一个客户把手搭在老总肩上，略带醉意、颇有意兴地说："气酣日落西风来，愿吹野水添金杯。如渑之酒常快意，亦知穷愁安在哉……酒可真是个好东西啊！难怪连诗仙杜甫也钟爱它，有了酒哪里还记得穷愁啊！"听了客户的话，大家纷纷表示赞同，都夸赞说客户可真是高雅之人……忽然，新来的主管大声地说："老兄，不对吧，什么时候诗仙变成杜甫了。"气氛忽然变得怪异起来，大家面面相觑，不知如何是好，客户更是面色铁青、尴尬异常，老总见势头不对，赶紧将酒杯端起来说："管他什么诗仙不诗仙的，我们干了这杯，大家就都是酒仙了。"于是，大家都纷纷举杯，将事情一带而过，新来的部门主管却还在那边跟身边的人说谁是诗仙，谁是诗圣，老总的脸色越来越难看。

饭局已散，老总就对新来的部门主管说："不是所有的事情都是商务谈判，非要追根究底，寻出个因为所以来，杜甫是不是诗仙，又不是什么原则性问题，为什么非要找出一个证据去直指别人的错误呢？你这样做怎么让别人对你产生好感呢？你为什么不能给别人留一点颜面呢？他并不想征求你的意见，也不想知道你有什么看法，你又何必要跟他争辩呢？你应该给别人留一个台阶啊。"

新来的这位主管咄咄逼人的性格估计是没有人会喜欢的，生活不是学术交流会，没有必要那么严谨，没有必要那么较真。有时候，我们需要一点儿雅量，给别人留一个台阶，这在公共场合讲话时更是必不可少的艺术。

有些人得理不饶人，常常因为一些鸡毛蒜皮的小事就与别人争得面红耳赤，不逼得别人磕头求饶决不罢休。这些人吃不得亏，受不得委屈，忍不了一丁点儿的羞辱，睚眦必报，常常为自己的"言辞犀利"和"据理力争"而洋洋得意。而有些人却宽以待人，不为生活中一些小事斤斤计较，他们平易近人，对人和蔼，能原谅他人的过错。在很多时候，人们需要别人的宽容，也要宽容别人，对他人的苛责只能使你愤怒无比，毫无益处。

当你发现对方犯了一个很明显的错误时，为了使对方能够尽快地改正，于是你自以为对他好，说："看，你刚才说的有这样一个错误……"你满以为他会心怀感激，但恰恰相反的是，他坚决不承认自己犯了错误，更不用说感激你了。

曾经有专家研究指出，当一个人遭受批评时，心跳会加速，然后防卫本能就会浮现。为了维护自尊，他可能会采取攻击的手段，转移焦点。所以批评和责备，只会造成更多的冲突。当你批评别人、指责别人时，你就是在冒一种风险，非常可能伤害对方的自尊。即使你的批评和指责是出于善意的，但对方因为自尊受到伤害，就算知道自己错了，也要为自己辩护，死不认错，甚至故意跟你唱反调。所以批评和责备并不能解决问题，反而会让同事讨厌你，朋友疏离你，亲人回避你。

其实，在社交场中，人不可避免地会出现一些小失误，比如念错了字，记错了对方的职务名称，礼节失当，或是说了不相干的外行话，等等。当你发现这些小失误时，你没有必要大声喧嚷起来，故意搞得人人皆知，将原本可以忽视的小过失推到台前，暴露在大家面前。更有甚者，抱着讥讽的态度，哗众取宠。这样做不仅会使对方难堪，伤害他的自尊心，造成他对你的反感，更不利于你自己的社交形象，给人留下刻薄印象，在今后的交往中对你敬而远之，产生戒心。这实在得不偿失。

鲁迅先生曾向年轻人提出了"不要抹煞别个"的要求，也就是说，凡是想成就事业的人，都不要拆别人的台，不要挖别人的墙脚，不要试图通过贬低别人、毁谤别人，来抬高自己、显示自己，那样做是错误的，其结果只能是既毁了别人，也毁了自己，使自己更加平庸。

委婉批评，保全颜面

讲一个大家耳熟能详的故事。

邹忌是齐国的谋臣，以敢于进谏和善于辩论著称。据《战国策》记载，有一次邹忌听齐威王弹琴，他借弹琴来说明治国安民的道理，弹琴要音调和谐才算善于弹琴，治国也和弹琴一样，能安抚百姓才算是善于治国。威王听后，大为赞赏，于是封他为齐相。

邹忌身高八尺，仪表堂堂。一天早晨，他穿戴好衣帽，照着镜子，对他的妻子说："我同城北徐公比，谁漂亮？"他妻子说："您漂亮极了，徐公哪能比得上您呢？"城北的徐公，是齐国的美男子。邹忌还是不相信自己会比徐公漂亮，就又问他的妾："我同徐公比，谁漂亮？"妾说："徐公怎么能比得上您呀？"第二天，有客人从外边来，邹忌同他闲聊时，又问他："我和徐公比谁更漂亮？"客人说："徐公不如您漂亮。"又过了一天，徐公来了，邹忌仔细端详他，自己觉得不如徐公漂亮。再照镜子看看自己，觉得比徐公差远了。晚上躺着想这件事，说："我妻子认为我漂亮，是偏爱我；妾认为我漂亮，是害怕我；客人认为我漂亮，是想有求于我。"

第二天，上朝拜见齐威王，邹忌觐见说："我确实知道自己不如徐公漂亮。但是我的妻子偏爱我，我的妾害怕我，我的客人想有求于我，因此他们都认为我比徐公漂亮。如今齐国有方圆千里的疆土，一百二十座城池，宫中的嫔妃、近臣，没有不偏爱您的；朝中的大臣没有不害怕您的；全国的老百姓更是没有不有求于您的。由此看来，大王您受蒙蔽很深啦！"

齐威王深感有理，于是就下了命令："官吏、百姓能够当面指摘我的过错的，可得上等奖赏；书面劝谏我的，可得中等奖赏；在公共场所批评议论我的过失，传到我耳朵里的，可得下等奖赏。"命令刚下达，许多大臣都来进献谏言，宫门和庭院像集市一样热闹；几个月以后，还不时地有人偶尔进谏；满一年以后，即使有人想进谏，也没有什么可说的了。燕、赵、韩、魏等国听说了这件事，都到齐国朝拜齐威王。这就是身居朝廷，不必用兵就战胜了敌国的故事。

如果邹忌直言规劝，板起面孔，摆出义正词严的态度，国君若是昏君，便会被激怒，邹忌就可能被杀，起不到劝谏的效果。而邹忌显得高明多了，他婉言规劝，从自身的经历入手推己及人，阐述国君的处境也是一样，用具体的事实说明抽象的道理，变深奥为浅显，变复杂为简明，变逆耳为顺耳，委婉而有说服力。

当然，委婉批评也要因人而异，面对不同性格的人也要采取不同的批评方式。

对于有惰性、依赖性强的员工，可以采用触动式批评法，即批评时措辞较尖锐，语调较激烈，但决不能讽刺挖苦、肆意辱骂；对于自信心比较强的员工，可以采用渐进式批评法，即批评时对错误不"和盘托出"，而是逐步传达出批评信息，使对方逐步适应，逐步接受，这种方式不至于一下子谈崩；对于盲目自大、自我觉悟性差，但易于感化的员工，建议采用参照式批评法，即借助他人的经验教训，运用对比的方式烘托出批评的内容，使被批评者感受到客观上的某种压力，促其自我反省；对于脾气暴躁、性格倔强、容易激动的员工，建议采用商讨式批评法，即以商讨的方式，平心静气地使他在一种友好的气氛中自然接受批评意见；对于善于思考、性格内向、各方面比较成熟的员工，建议采用发问式批评法，即将批评的信息以提问的方式传递出去，员工自然就会意识到，并加以注意；对有些犯错误的员工不易当面批评，可以采用"曲线救失"的方法，即可以通过第三者，如其他员工，"漫不经心"地向犯错误的员工传递批评信息，力求改正。

绝大多数人都不喜欢接受批评，特别是生硬、直接的批评。生硬的批评会让对方感觉自尊心受挫，直接的批评会让对方陷于尴尬、难堪的处境。如果我们换一种方式，把想要表达的不同意见用委婉的方式表达出来，就会收获意想不到的效果。

说在明处，意在暗处

美国陆军第524分校的士官长哈雷·凯塞在带预备军官时，他面临着一个军队中普遍存在的问题。什么问题呢？在预备役军人和正规军训练人员之间，存在的最大差异就是理发，因为预备役军人认为自己只是老百姓，没有必要按照军人的要求来规范自己，因此他们非常不愿意把头发剪短。哈雷·凯塞面对如此棘手的问题又是如何做的呢？像以前正规军的士官长一样，他可以向他的军队怒吼几声，或者言辞犀利地威胁他们。但是他始终不愿意那样做。

他正色道："各位先生们，你们都是领导。当你教导别人时，以身作则是最有效的方法了，你们有必要为你们所带领的人做个榜样。你们应该了解军队对理发的规定。今天我也要去理发了，尽管我的头发要比你们当中绝大多数人短得多。你们不妨对着镜子看看，如果你要做个榜样的话，是不是该理发了？我们会帮你安排时间去营区理发部理发。"

结果是可以预料得到的。有几个人自动去镜子前看了看，然后下午去理发部按规定理了发。次日早晨，凯塞士官长讲评时说，他已经看到在队伍中有些人已经具备了领导者的气质。

不可否认，凯塞士官长很聪明。他在指出预备军官错误的同时，注意维护了他们的自尊。他给每个预备军官的头顶戴上了一顶"领导"的高帽子，又以身作则剪短头发，明在说"我该剪发了"，暗在说"你们也是领导，也得剪发了"，他知道这样说的效果要比直接指出对方错误好得多。

当我们所相信的东西被怀疑或者否定之后，每个人都会产成焦虑的心理，感觉自己的尊严被伤害了，甚至感到自己的安全已经没有了保障。结果是，他否认自己的错误，这很正常，即便他可能认为你说的是对的。因此，当你想要说服一个人，让他明白自己的错误时，切勿直接指出对方的错误。

其实，批评是一门艺术，真正地把握好批评这门艺术，可能会成就一个人。从人的心理需要来讲，人人都容易接受赞扬，但却置批评于千里之外。这时，委婉批评显得尤为重要。在批评对方时，不要直截了当地说出批评意见，更不要开门见山地点出对方的要害，而是应当委婉、含蓄地指出对方存在的问题。

在批评别人时，应该是对事不对人。有些人之所以做错事，常常是因为不知道正确的标准是什么，所以做错了也不知道错在哪里。批评这种人时，必须直接指出错误所在，他才会明白，才会改正。当然，指出这种错误时，一定要讲究方法和策略，尽量使用暗示和委婉的方式。

在暗示批评方法上，林肯先生曾给我们做过有效的示范。

美国总统林肯发现，工作人员每天送到白宫办公室的报告都冗长复杂，抓不住重点。但是他并没有直接指责工作人员不会写东西、能力不行等，而是在谈对报告的看法时对工作人员说道："当我派一个人出去买马时，我并不希望这个人告诉我这匹马的尾巴上有多少根毛，我只希望知道它的特点何在。"工作人员一听，就明白了其中的意思，下次再写报告时，就改正过来了。

由此可见，用暗示的手法指出别人的不足很容易为人所接受。

欲抑先扬，方式得当

卡尔文·柯立芝于1923年登上美国总统宝座。在他成为总统之前，他有一个工作上的搭档——一位漂亮的女秘书，这位女秘书办事雷厉风行，颇有效率，但在细致工作中却常粗心出错。一天，他在走廊里巧遇女秘书，女秘书见到他停下脚步对他打招呼简单示意礼貌。他也站定，微笑示意，紧接着对秘书说："今天你穿这身衣服真漂亮，正配你不俗的容貌、非凡的气质，但也不要骄傲，我相信你的公文处理也能和你一样漂亮的。"女秘书听完以后，不好意思地笑了笑，说："谢谢您的赞美，我一定多加努力，在公文处理中多下功夫，争取做到令您满意的程度。"果然从那天起，女秘书在公文处理上有了极大进步，几乎都不再出现错误了。

其他同事和朋友都看到了女秘书的进步，对于其中的原因很是好奇，于是问柯立芝："你是怎么想出这么妙的方法的？竟然让她改观这么多？"柯立芝得意扬扬说："你看见过理发师给人刮胡子吗？他要先给人涂肥皂水，为什么呀？就是为了刮起来使人不痛。"

柯立芝对待秘书的批评方式很巧妙，甚至让人不觉得是批评，秘书在听到老板对自己的评价后，不仅不会反感，反而觉得老板对自己很公正、很重视，充满期望和信任，自然会在工作上下功夫，争取把公文处理到最好。

有的领导在下属犯错误时常常毫不留情，劈头盖脸狠骂一通，这样既伤和气，又伤感情。下属也因此对领导心怀憎恨，或是一蹶不振，或是赌气走人。总之，这样对工作开展没有任何好处。迫于销售指标的压力，这种情况在营销部门似乎最为常见。在工作中，领导与员工是上下级的关系，员工应该服从领导的决定；但在人格上，双方应该是平等的。每个人都有自尊心，批评时应注意方法，就事论事，切莫出口伤人。

在许多时候，赞扬比批评更有效，只是平日我们赞扬少了些，而批评多了点。批评别人前，必须略微地给对方一点儿赞扬，或说点儿恭维的话，在创造一个和谐的气氛之后，再展开批评，也就是说要先礼后兵。如，"明明，我知道，你在工作中一直很努力、很积极，这很好。有件事情你做得让我很难理解，您能给我详细解释一下吗？"像这样，当对方陈述完自己的看法后，你就可以向他发表自己的批评意见。

我们很容易在给对方意见的同时加上"但是"，许多真诚的赞美，在"但是"以后大打折扣，让人怀疑之前的溢美之词有多少可信。例如，老师想改善孩子漫不经心的学习态度，很可能会这样说："小秦，你这次成绩有进步，老师觉得很高兴，很欣慰。但是，如果你能在数学方面也加以重视那就更好了。"老师的话原本是好意，原本受到鼓舞的小秦，在听到"但是"两个字之后，学习的动力就萎靡下去了。这样说对小秦的学习态度也不会产生什么实质性的帮助。

如果我们稍微改动一下说法，情况就会大为改观。我们可以说："小秦，你这次成绩有很大的进步，老师也很为你高兴。而且，我相信，如果你在数学方面继续努力下去的话，下次的成绩单就一定会更好看。"这样，小秦一定会欣然接受这番赞美了，因为后面没有直接、明显的批评。由于我们间接提醒了小秦应该改进的地方，因此相信他也会懂得加强自身对于薄弱学科的改进，达到老师的期望。

美国著名企业家玫琳凯说:"不管我们要批评的是什么人,都可以先找出对方的长处来赞美,批评前和批评后都可以这么做。这就是所谓的'三明治'策略——夹在两大赞美中的小批评。"有些批评虽然有道理,但并不等于对方就会接受。被批评者最害怕的就是伤自尊,而打消其顾虑的方法就是先表扬后批评。

我们都知道,赞美能让人谦虚,又能建立友善的气氛。在批评别人前,应先提及别人的优点,先对他人赞美一番,所提出的建议更容易被别人接受,说服效果也会事半功倍。每个人都需要赞美,也需要善意的批评。赞美是鼓励,批评是督促,二者相辅相成,缺一不可。所以要让对方接受你的批评、改正错误,不如先从赞美开始吧!

自我批评，再及他人

20世纪下半叶，日本经济整体下滑，影响到了电器业。松下电器公司召开全国销售会议。会议开始之际，董事长松下幸之助将公司亏损情况大致介绍了一下。

松下幸之助讲完以后，一位销售经理站了起来："大家有什么意见都可以讲出来，造成今天亏损如此严重的局面，主要是总公司的指导方针有误，作为公司负责人要检讨自己的过失。"会议一开始，现场就充满了火药味。

"总公司指导有误是难免的事，可是也存在许多经营状况良好的企业，是你们太缺乏独立自主的精神，不会随机应变，才导致亏损如此严重，怨不得别人！"松下幸之助忍不住出言反击。

"还谈什么精神？我们今天来的目的不是听您说教的。"有人高声道。

持续三天的会议，争吵声不断。台上，松下幸之助不断反驳各地销售代表的意见；台下，各地代表不断指责总公司及董事长的失策。

最后一天的会议中，松下幸之助走到台前，说："这三天的会议，我们互相指责，该说的都说了，我也没有什么好辩驳的了。现在，我说说我最终的感想。过去的一切，我们共同承担。当然，我作为董事长，难辞其咎，给大家以及公司带来的损害，我深表歉意。我保证好好反省，认真研究大家的意见，让大家能维持稳定经营。最后，还是请大家原谅公司的不足之处。"说完，松下幸之助向台下深深地鞠了一躬。

一时间，台下鸦雀无声。大家都被董事长的言论感动了，许多员工眼眶湿润，低下了头，偷偷用手帕擦拭眼泪。

"董事长不必如此，是我们经营不善。"

"嗯，是我们不够用心，该反省的应该是我们。"

"我们一起努力，公司一定会好起来的！"

台下不断高呼，且响起了雷鸣般的掌声。大家干劲十足，劲往一处使，心往一处用，终于度过了经济危机。

就这样，松下幸之助用一席恳求的自我批评让"军心涣散"的松下电器公司又重新团结起来。有时候，我们可能真的没有什么过错，但事情又确实与我们有关。这时，如果我们能在批评别人的之前，先做一番言辞恳切的自我批评，也许就会让事情解决得更加顺利。

批评与自我批评是提高自身素质和能力的一种捷径，也是自我完善、走向成功的必要良方。卡耐基曾说过："一般人常因他人的批评而愤怒，有智慧的人却想办法从中学习。"几乎所有人都会为自己的过失辩护，但在面对困境时，多体谅对方，理解对方，多做自我批评，那么，同理，别人也会对你的过失采取谅解的态度，不再计较你的错误，甚至反思自己，最终达成双方一致的解决方案。

诗人惠特曼说："你以为只能向喜欢你、仰慕你、赞同你的人学习吗？从反对你的人、批评你的人那儿，不是可以得到更多的教训吗？"在面对错误时，我们都是本能地推诿责任，保全自己，其实反思自身，从自身找原因，我们会得到更多。

古语说得好，"忠言逆耳利于行，良药苦口利于病"。种种事实说明，敢于接受别人的批评，也敢于自我批评的人才是真正的智者，而听不得批评的人、不敢自我批评的人是极其愚蠢的人，这样的人只能被千夫所指，在自负中被世界淘汰，被世间遗忘。尤其是领导者先做自我批评，更能激发员工羞愧自省的心态，从而反思自己，找到不足，重整心态，奉献公司。

幽默批评，增进感情

几个属鼠的同学在某一次考试中成绩优异，他们很得意，甚至于有点骄傲，他们的班主任发现了他们的骄傲心态，就对他们说："怎么，骄傲了？你们知道骄傲意味着什么吗？请注意下午的班会。"听完老师的话，那几个同学面面相觑，心想：糟了！在下午的班会上，估计要受到强烈的批评了。

可是出乎他们意料的是，班主任在班会上的批评并非狂风暴雨，反而妙趣横生。他说："常言道：'林子大了什么鸟都有。'这天下大了，就什么老鼠都有。我听过这么一个故事：话说有一只小老鼠发现两个小孩在下斗兽棋，小老鼠就一声不吭地在旁边观看，它发现了一个秘密，尽管斗兽棋中的老鼠可以被猫吃掉、被狼吃掉、被虎吃掉，却可以战胜大象。于是，这只小老鼠在心里认定，自己才是百兽之王、森林之主呢！这么一想，小老鼠从此得意起来，它瞧不起猫，瞧不起狗，有时甚至拿狼寻开心。有一天，它还大摇大摆地爬到了老虎的背上，恰好老虎正在打瞌睡，懒得动，就抖了抖身子。小老鼠毫发无伤，于是他变得更加得意。一次，它趁着黑夜钻进了大象的鼻子，大象就觉得鼻子痒痒，打了个喷嚏，小老鼠立马像出膛炮弹似的飞了出去，最后，'扑通'一声掉到了臭水坑里！"

同学们都被老师绘声绘色的故事逗得开怀大笑。

老师接着说:"好,现在我们看一下这个'臭'字的写法,上下结构,'自''大'再多个点就是'臭'了。咱们班属鼠的同学也不少,那么,这些'小老鼠'们会不会也掉到臭水沟里呢?我想不会,但必须有一个条件,那就是保持谦虚,永不骄傲!"

说完,这位班主任还特意看了看那几个属鼠的同学。那几个同学当然明白,老师的批评都包含在那个有趣的故事里了,他们很感激班主任没有直接批评他们,很快就意识到自己的缺点了。

班主任巧用幽默的小故事批评了几个因考试成绩优异就心生骄傲的同学。如果他采取厉声呵斥或是命令打击的方式,想必就不会收获这么好的效果。当学生犯了错误时,班主任批评学生的方式是多样的,我认为最好是运用教育机智,采用幽默式批评。因为幽默的批评常常能使人在笑的同时,深思其内在的含义,领悟其中的道理。

优秀的教育者常常运用幽默的方式对学生进行批评。幽默既妙趣横生,令人发笑,又鞭辟入里,令人回味。在批评过程中,使用富有哲理的故事、有趣的双关语、形象的比喻、诙谐的发言,等等,使批评在轻松愉快的气氛中进行,通常能收到事半功倍的效果。举例说明:学生迟到了,满以为老师要批评他,而你在门口"恭候"他时却说:"对不起,老师今天又比你来早了。"一句意外的玩笑话,也许会让学生感到更加不好意思;学生在黑板上写了一行字,歪了,一边高,一边低,学生战战兢兢,以为老师会说让他注意,以后把字写正点,而你却大加赞赏他的书法富有诗意,"一行白鹭上青天……"这一幽默式的批评更能给他留下深刻印象。

在批评别人时,不懂得利用幽默元素,喜欢板起脸孔教训人的人通常会被认为是不近人情的。而幽默的方式往往能收到意想不到的效果。幽默式批评具有春风化雨、润物无声的效果,能使人获得一种情感上的滋润,营造一种融洽的气氛。如果能够巧妙地通过幽默来批评他人,则不仅能表现出你的机智和宽容大度的修养，而且能够使人感受到温馨和期待，最终达到教育的目的。

尽管幽默在很多时候被用于揭露弊端、讽刺鄙俗和愚蠢，不过它绝对没有锋芒毕露、咄咄逼人的气势，更不是无情的嘲笑与谴责，更多时候，它总能和颜悦色、心平气和地纠正人们的毛病与缺点，不动声色地让人们在笑声中看到自己或他人的丑行或影子，然后有所悔改。

幽默虽然只有三言两语，却轻松诙谐，深寓哲理而启迪人的心智，使人开窍。巧用幽默的话，表达批评的含义，往往胜过其他的语言。

第十一章

说得刚好，出色陈述才能开启职场晋升之路

无论你从事的是何种职业，你都需要与领导汇报、与同事沟通、与客户交流。会做事、能沟通、懂汇报的员工才能在职场中脱颖而出。想成为职场精英，一定要学会像魔术师一样展现自己。

上司频繁点头，并不意味肯定赞许

杜丽从大学毕业后就进入一家公司工作，几年来任劳任怨，吃苦在前，享乐在后，最近刚刚从普通文员升职为办公室主任，她还为此请要好的同事们吃了顿大餐以示庆祝呢！然而，让她郁闷的是，她升职后的工作进展得并不顺利，总是处处碰壁。

刚刚升职时，杜丽依然保持着最初的工作状态，凡事请示汇报，从不擅自做主。月底的一天，眼看着就要下班了，杜丽才整理完月度报表，因而匆匆忙忙地去找经理汇报工作。她一边敲门走进办公室，一边低头检查报表的页码，丝毫没有看到经理正在收拾文件准备下班呢！等到她抬起头来时，经理坐在办公桌后面，问她："杜丽，你有什么事情吗？"杜丽一边把报表递给经理，一边说："经理，这个月的人事情况有些严峻。秘书小刘辞职了，文员小张也开始休产假，我觉得咱们需要再招聘两个人。我还有一份报表没整理好，最迟明天中午给您。"经理漫不经心地翻阅月度报表，杜丽却毫无察觉，继续喋喋不休地汇报："办公室里的彩色打印机实在是不能用了，每次都出状况，我想需要再添置一台打印机。还有，饮水机里的细菌也超标了，需要找人清理……"

经理头也不抬，盯着报表不停地点头，最终不厌其烦地说："报表明天做好给我，其他的事情以后再说吧，这个月没有时间处理。"听到经理厌烦的话语，杜丽有些丈二和尚摸不着头脑。她悻悻然地走出办公室，但是经理再也没有提起购置打印机和清理饮水机的事情。在此后的日子里，经理还经常批评她工作不到位，这让杜丽郁闷极了。

在这个事例中，虽然经理对于杜丽的报表和发言一直在频繁地点头，但是其实表示的是厌烦的意味。每一个职场人士，除了工作之外，都还有很多私人的事情需要处理，因而作为下属在找上司汇报工作时，一定要首先确定上司是否有时间，是否愿意听取工作汇报。此外，在汇报工作的过程中，我们还应该持续观察上司的反应和表现，从而更好地体察上司的内心。选择更合适的时间汇报工作、上交报表，也能得到上司更好的回应。如此一来，才能达到预期的目的。现实的情况却是，杜丽的积极汇报工作非但没有给经理留下好印象，反而让经理对她产生了厌烦，导致事与愿违。

如果杜丽能够意识到经理频繁点头并不意味着肯定，而是在表达一种厌烦，又或者杜丽能够在进办公室的时候先观察下情况，看到经理正准备下班，那么她一定能够正确地解读上司的"微表情"。在很多时候，一件事情发生的时机至关重要，汇报工作就是如此。恰到好处地汇报工作能够帮助我们更快地获得成功，不合时宜地汇报工作只会让我们招致上司的厌烦，甚至是否定，可谓得不偿失。当然，任何表情都与当事人及其所处的情境是分不开的，我们不能孤立地看待上司的微表情，而要将其与具体情境联系起来，这样才能准确解读，让自己的工作做得更到位，从而博得上司的认可和好感。职场的形势越来越严峻，我们不但要有高智商，更要有高情商，才能在职场中如鱼得水、游刃有余。

主动毛遂自荐，也许更能得到领导赏识

王强大学毕业后就进入现在的公司工作，一干就是5年，尽管公司里很多年轻人来来往往，他却始终脚踏实地。然而，对于一名职场新人而言，工作不但要求稳定，也要求发展。王强已经在助理的职位上干了5年，却毫无起色。看到那些比他晚进公司的人都已经成为小主管，王强不由得愤愤不平。他决定主动出击，为自己争取机会。

在公司里这段时间，王强经常为高层领导的会议服务，所以他深谙公司的经营之道，对于很多事情都有自己独特的思考。再加上助理工作经常需要与员工打交道，向他们传达上司旨意，所以王强的人缘也很不错。思来想去，王强决定向近来空缺的人力资源经理职位进发。虽然王强并非人力资源管理专业，但是他知道自己的经验就是资本。看到王强也出现在竞聘名单中，上司很惊讶，一直以来上司已经习惯了王强作为助理的形象出现，此时不由得心中一动：王强算是老员工了，而且各方面表现的确不错。最终，王强过五关斩六将，和很多公司以外的应聘者一起激烈竞争。在最后的面试环节，当领导问到王强关于未来的工作有何规划时，王强滔滔不绝，不但谈论了自己对于公司文化的深刻了解，也提出了现有人力制度的优点和弊端，并且给出了非常完美的解决方案。很快，公司高层就一致决定破格提拔王强担

第十一章 说得刚好，出色陈述才能开启职场晋升之路

任人力资源部经理一职，并且主动出资让王强利用业余时间学习人力资源管理专业知识。就这样，又一个3年过去了，王强俨然脱胎换骨，成为公司日益壮大之后最不可或缺的人力资源掌门人。

就像桃李遍天下的老师总是渴望自己的学生能够成龙成凤一样，每一位上司也都希望自己的下属能力超群、才华横溢。由此不难得出一个结论，每个上司都希望自己的下属是有上进心的，是"争强好胜"的，是主动进取的。因而，毛遂自荐的精神在现代职场备受欢迎。

在职场竞争激烈、市面上大把人才存在的今天，不主动出击，极有可能坐以待毙，错失许多机会。如若不懂得推荐自己，也许别人永远也无法知道你的存在，更谈不上慧眼识才、重用你了。

在很多情况下，上司日理万机，并不能真正地了解每个下属的长处。尤其是在很多大公司，当员工按部就班地工作，上司根本不可能去考虑是否到了提拔他的时候。因而，毛遂自荐就显得不可或缺。也许有人觉得毛遂自荐是骄傲的表现，是不知天高地厚的表现，殊不知，毛遂自荐让你就像一颗钉子钻出布袋，帮助你争取到积极主动表现自己的机会，也帮助你获得更大、更开阔的舞台。就像事例中的王强，他就像是一颗螺丝钉一样钉在助理的职位上，既没有特别突出之处能让上司重视他的勤勉，也没有犯过大的错误让上司一下子就牢牢记住他，因而上司在惯性思维的作用下觉得他理所当然就是一名助理。直到王强在竞聘的面试环节侃侃而谈，发表自己的真知灼见，上司才对他刮目相看。

如果你也是职场中名不见经传的一个小角色，如果你也觉得自己有能力承担更重要的职务，那么不妨在恰当的时机做足准备毛遂自荐吧。所谓"不鸣则已，一鸣惊人"，也许你的成功之路就会从毛遂自荐开始呢！

小心应对上司，从细枝末节中抓捕信息

作为广告公司的策划文员，梦儿凭着文思泉涌、创意频出，很快就博得了老总的赏识。渐渐地，梦儿在公司里的名气越来越大，很多同事都说她是蛟龙出水，肯定升值在望。果然，处于飞速发展阶段的公司很快就提供了升职的好机会。老总公开在会上说："对于A公司的策划案，能够中标者，提升策划部主管。"听到这个消息，梦儿兴奋极了，她摩拳擦掌，准备大干一场，对策划部主管的职位更是势在必得。然而，当梦儿把自己接连熬了几个通宵才做好的策划案交给老总时，老总先是缓缓点头，看到最后却摘下眼镜扔到一边，开始用手指按摩疲劳的眼睛。

梦儿有些忐忑，这时老总说："李梦，你先回去吧，我这里还有几份策划案，我会权衡对比之后，再综合A公司的意见，得出最后的评选结果的。"梦儿瞬间又恢复了自信，觉得老总还是很赏识她的。然而，一个星期过去了，在月初会议上，老总居然宣布戴安娜当选策划部主管，梦儿惊讶极了。她找到老总问："张总，您能告诉我我哪里做得不好吗？"张总无奈地说："其实，我心里是认定提拔你的，但是你的策划案实在是让人大失所望，我都不好意思提交给A公司的老总过目。"策划案？梦儿更疑惑了："我的策划案是熬了好几个通宵才做出来的，而且几经修改，几近完美，怎么可能这么糟糕

第十一章 说得刚好，出色陈述才能开启职场晋升之路

呢？"梦儿回到家里之后走进书房，打开书桌上摆放的策划案草稿，想找一找问题到底出在哪里，却惊讶地发现那份完美无瑕的策划案就在眼前，她懊悔不已，原来她慌乱之中居然把策划案的草稿交上去了。如今，事已至此，她只能再等待下次机会了。

当看到老总看完策划案摘下眼镜扔到一边时，如果梦儿能够懂得这个肢体动作代表的含义，也许就能够及时反思自己。然而，当她听到老总让她等消息时，忐忑不安的心马上恢复了自信，就等着老总宣布提拔她当策划部主任的消息呢，因而错过了改正错误的最佳时机。

在生活和工作中，不但会有一个又一个的误会，也经常发生接二连三的错误。就像梦儿一样，她居然把自己辛苦几个通宵做出来的策划案漏掉了，交上了一份草稿，并且因此与升职失之交臂，不得不说是莫大的遗憾。古代的君主制下，很多大臣都说自己伴君如伴虎，其实，现代职场竞争如此激烈，虽然上司不能和君主相比，但很多时候都掌握着我们的前途和命运。因而，对于上司的细微动作和表情，我们一定不要掉以轻心。只有及时洞察上司的真实心理，我们才能在最短的时间内反思自身，发现问题并及时改正，从而保证我们的职业生涯一帆风顺。否则，如果我们对上司的微表情视若无睹，对上司的心理毫无体察，那么我们一定会因此而误解上司，甚至错失良机。在好机会千载难逢、转瞬即逝的今天，不得不说这是莫大的遗憾，让人追悔莫及。

朋友们，如果你的上司也戴着眼镜，看起来文质彬彬，那么你一定要注意：眼镜不但能够帮助上司矫正视力，也能帮助上司拖延时间，争取更加深入地思考；当上司摘下眼镜，背靠椅背时，也就意味着他对你的工作并不满意，而且想尽快结束谈话。这些细微的但却含义深刻的动作，别说是职场新人，即使很多职场老人也容易忽略。只要我们掌握了这个洞察上司心理的秘密武器，就能够及时洞察上司的心理动态，从而使自己的工作更加符合上司的心意，也有助于自己的成功。

控制交往距离，与同事过于亲密惹祸患

近来，李玲的心情很不好，一则因为她的孩子正在准备出国的烦琐手续，二则因为她的老公有了外遇，正在与她闹离婚。这样双重的打击，让李玲在工作上也有些力不从心。为此，她工作上错误频出，还因此被上司在会议上当着很多同事的面严厉批评。

下班时间到了，同事们都陆陆续续离开了，李玲一个人坐在空荡荡的办公室里，不知道自己该何去何从。这时，玛丽正好遗忘了东西回办公室取，因而关切地问："亲，你怎么了？看起来失魂落魄的。有什么烦心事和我说说吧，这样你心里也能好受些。"濒临崩溃的李玲，马上泪崩，说："没事，没事。"玛丽看到李玲的样子，赶紧掏出面巾纸，耐心温和地给李玲擦拭泪水。李玲把家里发生的事情全都一五一十地告诉了玛丽，也许是因为她太想倾诉了，所以忘记了玛丽是办公室里有名的大嘴巴。

没过多久，李玲所在办公室的主任升职了，主任的职位空缺下来。上司综合考虑，觉得应该在玛丽和李玲之间提拔一人当办公室主任。因而，上司分别找她们进行谈话，想要参考她们的态度和对工作的规划。上司首先与李玲谈话，很快办公室里的同事们都说李玲要升职了。后来，上司又找到玛丽谈话。这时，玛丽意识到自己也许会与李玲成为竞争对手，因而找了个借口

对上司说："其实，李玲如果不是最近家里事情太多，失魂落魄，她倒是挺适合这个办公室主任的职务。而且她的工作时间也比我更长，经验丰富。"听到玛丽的话，上司惊讶地问："李玲家里怎么了？"玛丽装模作样地说："她老公有外遇了，正在和她闹离婚，前几天我还看到她下班之后在办公室里号啕大哭呢。哎，其实她如果不是因为家里的事情分心，一定能把办公室里的繁杂事物处理好。"听了玛丽的话，上司若有所思地点点头。最终，上司决定让玛丽担任办公室主任。

在这个事例中，李玲原本是可以升任办公室主任的，就因为她在情绪激动之下，忘记了职场的禁忌，居然把自己的私事告诉了玛丽。结果，在与李玲的竞争关系中，玛丽以这件事作为击败李玲的武器，成功升职。这就是职场的现状，而且还不是最残酷的现状。在现实的职场上，难以避免地还在上演各种各样的"宫心计"，导致职场上的人际关系越来越复杂，越来越紧张。可以毫不夸张地说，一个人要想在职场上出人头地，仅仅有超强的专业能力肯定是不够的，必须要学会与同事相处，学会保护自己，才有可能得到认可和晋升。

对所有同事的态度要尽量保持平衡，尽量始终处于友好又不过于靠近、不即不离的状态，也就是说，不要对其中某一个特别亲近或特别疏远。即便你真的和其中某个同事比较投缘，成了好朋友，也千万要注意"公私分明"，别在工作场合和他表现得过于亲密。

同事关系是一种非常特殊的关系，处于不停地变化之中。同事关系不同于同学、朋友或者亲人、爱人关系那般纯粹，而是掺杂着友好和竞争的关系。例如，在团队作战时，同事就是我们的战友，我们为了共同的荣誉而不懈奋斗；在彼此作为个体存在竞争关系时，同事就是竞争者，但是我们又不能将其当成敌人，而应该把同事关系视为友谊第一、比赛第二的竞争关系。遗憾的是，真正能够做到如此竞争的人少之又少，大多数竞争的同事之间都在爆发没有硝烟的战争,甚至有些没有原则和底线的人,还会使出很多下三烂的伤人手段。

因而,很多职场人士都要牢记一个原则,即永远不要把同事当成朋友,尤其是有竞争关系的同事。记得前段时间播放的《北上广不相信眼泪》中,马伊琍饰演的潘云就为了争夺单子,与丈夫赵小亮合伙作弊,夺了好朋友的单子。如果这样的事情发生在我们身上,我们一定就会受到深深的伤害。为了不让这样的悲剧上演,最好的办法就是不要与同事成为朋友,也尽量不要与好朋友成为有竞争关系的同事。尤其是前一条,正是职场铁律。

在职场上,我们还要学会控制自己的情绪。人是情感动物,难免有情绪激动、难以自持的时候。在任何情况下,我们都不要冲动地把自己的私事向同事和盘托出,否则肯定会有后悔的那一天。所谓谨言慎行,正是职场上的金科玉律。

第十一章 说得刚好，出色陈述才能开启职场晋升之路

职场中忌隐私，不要轻易加入"小团体"

作为今年刚刚进入公司的新人，小小一直都想给自己找到一个"小团体"。进入公司后，她察言观色，发现办公室里以张洁为首的几个人关系非常要好。小小独自在这个城市，每到周末都觉得很寂寞，因此迫不及待地想要加入这个"小团体"，希望可以与大家一起爬山、游玩。不过，张洁显然不太喜欢小小。为此，小小费尽心思，甚至还经常刻意讨好张洁。一个周五的下午，小小无意间听说张洁一行人要去爬山，因而也主动报名。张洁不好意思直接拒绝小小，小小准备了很多好吃的，甚至还烤了自己最拿手的蜂蜜烤翅，准备次日与大家分享。果然，小小的美食满足了大家的胃，也赢得了大家的心，只是张洁依然对她不冷不热。

午餐过后，大家开始下山。小小故意与张洁走在一起，还主动告诉张洁一些自己的隐私。看到小小这么信任自己，张洁也就对小小热情起来。就这样，小小顺利地融入了张洁的"小团体"。然而，一年多过去了，因为小小工作表现突出，领导准备破格提拔她为项目负责人。不想，张洁对此愤愤不平，因为张洁进入公司的时间长，却要与小小平起平坐。而且再一想到小小有可能因此平步青云，张洁更加心里不平衡。为此，当领导开会讨论关于小小的破格提拔问题时，张洁说："我觉得小小能力的确很强，但是还应该多多

观察。据她自己说,她在读大学期间就经常考试作弊,是个喜欢投机取巧的人。虽然项目负责人没有多大的权限,但是却掌握着关于项目的核心情况,因而也应该慎重。"张洁的这个建议,让领导不由得开始慎重考虑,最终决定暂缓对小小的提拔。后来,张洁因为工作上出现失误,被降职,而张洁的"死对头"则成功上位,取代了张洁的位置。就这样,小小等与张洁非常亲近的人都被雪藏,或者被故意刁难,在公司里的生存变得很艰难。

可怜的小小,初入职场就遭遇如此有心计的同事,而且还将其视为自己人,把自己的隐私和盘托出,最终只落得这样的结果,而且自己还浑然不觉。也许有人会说这只是个例,其实这在职场上是非常常见的。要知道,职场上的同事关系是非常微妙的。在很多情况下,同事关系好的时候就像是兄弟姐妹和好朋友,但是一旦涉及利益,就会变得非常脆弱,甚至不堪一击。因而,不管与同事相处得多么愉快,我们都应该坚持最基本的原则不要轻易透露自己的隐私,否则就是搬起石头砸自己的脚。此外,我们还要注意保持中立的态度,不要动辄就加入小团体。在职场上,各种势力之间的博弈很常见,尤其是当领导者出现分歧要站队分派的时候,作为下属就更应该不卑不亢,保持中立。否则,万一站错了队伍,等到你极力追捧的领导不慎被打入"冷宫",那么作为追随者,你就会因此遭殃。所以说,在各种势力的博弈中保持独立、游刃有余,是行走职场非常重要的技能之一。

虽然现在很多人,工作的时间大大长于生活休息的时间,但是在职场里,同事并不能完全等同于你的朋友,即使是关系很好的同事,在一些问题上,也不要把自己的隐私暴露太多,否则不仅不会增进你们的关系,反而可能带来一些不必要的麻烦。

曾经,有一家网站就职场上的隐私问题展开调查,其中有超过一半的人都表示会对关系要好的同事透露隐私,只有四分之一的人表示绝对不会在职场上透露隐私。不得不说,很多职场人士的自我保护意识还很淡薄。我们必须保持独立的姿态，并且严守自己的隐私。如果真的很想倾诉，其实可以选择朋友、亲人，或者哪怕是关系不太熟悉的人，都比向同事倾诉更好。简而言之，不要把自己的底牌交给那些与自己有着激烈竞争关系的人，这才是保全自己的最好方法。

重视工作汇报,让领导对你刮目相看

大学毕业后,小张和小王一起进入同一家公司。他们都是应届大学毕业生,所学专业相近,没有工作经验,因而领导对他们始终一视同仁。眼看着3个月的试用期就要到了,领导决定考核他们,从而更好地为他们分配合适的岗位,也重点培养他们中更优秀的那一个。

周一一大早,领导就把小张和小王叫到办公室,分配他们分别去两个大市场了解大闸蟹的价格,以便中秋节给客户们作为礼品。小张和小王领命而去,很快,小张气喘吁吁地回来了,说:"大闸蟹180元一斤。"领导问:"大闸蟹不分大小吗?"小张愣住了,领导说:"还不快去?"小张又回到市场进行调查,很快又赶回公司向领导汇报:"大闸蟹3~4两的,120元;4~5两的,180元;半斤以上的,260元。"领导又问:"你说的价格是他们负责给包装成礼盒的,还是只是大闸蟹的价格?另外,如果咱们买得多,能优惠吗?"听到领导的一连串问题,小张有些瞠目结舌,他只得第三次去市场。

小张再次出发没多久,小王就回来了。他向领导汇报:"单只重量大闸蟹重量在3~5两的,价格在180元到260元之间。如果是6两以上的,价格就在320元左右。如果让他们给包装成礼品装的话,每个盒子15元。如果量大,每斤可以便宜10%左右,我听他们的口气,便宜15%也是有可能争取到的,礼盒就最低10元一个。当然，我说的这是2斤左右的大闸蟹礼盒，随着重量每增加2斤，盒子就每个增加5元。如果咱们中秋节想要作为礼品送给客户，现在就需要预定，因为距离中秋节只有一周了，他们也得提前备货。"听了小王的汇报，领导连连点头，说："这样吧，这个工作就交给你来负责。你现在就去各个部门统计需要送出的分量，就按照普通客户6只螃蟹2斤装，重点客户8只螃蟹4斤装的吧。"小王听了马上问："不过分量可能不会这么精确到2斤整或者4斤整，有点儿出入行吗？"领导笑了，说："当然可以，也不能添个蟹腿啊！"直到小王开始统计数据了，小张依然没有掌握全面的信息回来。从此之后，领导不管有什么重要的事情都很愿意交给小王处理。小张呢，与小王之间的差距越来越大了。

在这个事例中，小张和小王的起点其实是一样的。唯一不同的在于，小张心思不够细腻，处理领导的工作敷衍了事，而且汇报工作的时候也没有形成系统和规划。小王呢，不但把领导没有想到的问题都问好了，而且汇报工作时井井有条，想领导之所想，急领导之所急，一步到位解决问题。因而，小王在领导心目中的地位自然扶摇直上，领导也就越来越重视他了。可想而知，假以时日，如果小张不能改变工作的方式，也没有掌握汇报工作的技巧，那么他必然会远远地落后于小王。

人在职场，除了要有能力和良好的人际交往之外，学会汇报工作也是至关重要的。在现代职场，一味地埋头苦干已经不能适应工作的需要，我们不但要会干，更要会说，不但要做出成绩，更要让领导认识到我们对工作的态度和规划，这样才能从众多人才中脱颖而出。

在汇报工作前，首先要明确汇报工作是一项分内的重要责任，态度要端正，不能应付差事。因为领导需要从汇报中了解某项工作的实际开展情况，或者工作中存在的瓶颈问题，这些会对工作全局判断产生重要影响，因此作为工作人员，必须高度重视汇报工作的重要性，认真做好准备工作。在汇报工作时，一定要注意把握轻重缓急，对于当下最重要、领导关注度最高的工作，要优先并且详细地汇报清楚；对于一些日常性工作，要高度概括总结，讲出特色，不要千篇一律。对于工作的经验成果要总结出自己的特色，这样才能够让老板或领导有眼前一亮之感，大大提升你的印象分。

朋友们，你们认识到汇报工作的重要性了吗？从现在开始，就让我们努力掌握汇报工作的技能吧！这样我们的工作才会更加出色，我们的前途也才会一片光明。在职场上，很多朋友不愿意和领导打交道，总觉得一见到领导就浑身别扭，如坐针毡。其实，汇报工作恰恰是我们与领导接触的最佳时机。我们不但可以借助于汇报工作增强领导对我们的印象，也可以通过汇报工作表现自己的能力，展示自己的工作成果，何乐而不为呢？细细观察，你就可以发现，职场上的成功人士大多数都与领导打得火热，且能把话说到领导心坎里。那么，赶快积极地汇报工作吧，机会就在你的手心里哟！

捕捉弦外之音，才能领会领导真心

王凯大学毕业后就进入一家公司工作，因为勤快踏实，一直深受领导的喜爱。这不，领导最近正在策划去美国考察的事情，同事们全都对于跟随领导去美国考察跃跃欲试，毕竟公费考察见见世面谁不愿意呢，而且还可以借此机会与领导亲密接触，给领导留下深刻印象，简直是好处多多啊。不过，领导很想让王凯与他一起去，毕竟他与王凯投缘，也喜欢这个恬静的小伙子。但是领导也有顾虑，不能直接钦点王凯。有一天，看到大家都在办公室里聊天，领导突然脑中灵光一闪，说："王凯，听说你在大学时期英语就很好啊！"王凯不假思索地回答："不好啊，我的英语是弱项，总是拖后腿。"这时，平日里默默无闻的李刚突然说："领导，我的英语好，八级呢。我陪你去美国吧，保证您连翻译都不需要了。"就这样，去美国的千载难逢的好机会落到了李刚头上。看着领导有点儿失望的样子，王凯这才回味过来，不由得懊悔万分。

在这个事例中，王凯显然心眼很实在，因为在领导有着明显"弦外之音"的情况下，居然否定自己英语好的事实。也为此，他失去了千载难逢的好机会，只能让李刚陪着领导去美国了。不可否认，这件事情对于王凯未来职业生涯的发展，都会产生一定的影响。由此可见，听不出领导"弦外之音"的后果也许会很严重。

民间有句俗话，叫"听话听声，锣鼓听音"。这句话的意思是说，人们很多时候想要表达的并不是他们真正说出来的话，而是另有其他的意思需要听话者自己去领会。也因为中国汉字博大精深，所以人们更容易混淆他人的真实意思。在这种情况下，我们就要结合说话当时的情境以及交谈对象的很多细微表现，尽量理解其真实意思。在职场上，大多数领导的"弦外之音"都是职业性的，通常都与工作有关。因此，领导的弦外之音往往涉及职场上的敏感话题，诸如升职、加薪，等等。在很多情况下，领导之所以没有直截了当地说话，而采取弦外之音的方式，就是因为他们需要隐晦地表达。所以，我们一定要多多留心听领导说话，千万不要被领导明确说出来的话掩盖真相。换言之，我们必须综合考量实际情况，极力捕捉说话者的"弦外之音"。这样才能领会领导的真心，从而更好地完成领导交代的任务，也顺利地得到领导的认可和赏识。

职场上的朋友们一定要注意，现代职场已经不是智商的天下，而是情商占据优势。我们只有以高情商听出领导的"弦外之音"，包括与同事相处其实也需要领会同事的真实意思，这样才能在职场上游刃有余，不至于误解他人，也能更好地完成工作。当然，任何初入职场的新人都不可能做到完全领会领导的"弦外之音"，一则是因为人际交往的经验不足，二则也是因为不够了解领导，也不懂得职场潜规则。因而，职场新人必须迅速积累经验，才能提升自己，让自己成为真正受欢迎的职场新星。

第十二章

学点儿救场技术，社交场合才能聊得开

在交际中，我们难免都会遭遇尴尬和冷场的情况。越是人多，大家越不知道应该如何打破僵局，一群人沉默着面面相觑，场面尴尬异常。因而，如果你想成为社交场合的焦点，最应该掌握的技能就是"救场"。这时，你需要做的就是审时度势，准备把握会场或是对方的心理情态，借助恰到好处的话语及时出面打圆场，化解尴尬。当你带着大家从沉默中解脱出来，重新走入谈笑风生时，相信大家一定会对你印象深刻。

帮他人打圆场，不费力气送人情

青海初中毕业后就辍学了，因为家庭贫困，父母实在无力继续供他读书。为此，青海背起行囊来到南方，在老乡的介绍下进入一家发廊，成为学徒。当学徒很辛苦，青海整整学了半年，才被师傅允许给顾客理发。不过，在接待第一个客人时，青海就遇到了难关。这个客人是个中年女士，在理完发之后，对着镜子左顾右盼，说："你留得太长啊，显得好像没怎么剪短似的。"青海不知如何应对，一旁的师傅笑着说："看您这么有气质，一定是很有身份的人。这样的长度对您刚合适，显得您更加端庄高贵。如果太短了，就显不出这样的气质来。"听了这话，女士高兴地走了。接着，青海开始接待第二个顾客。这个顾客是位年轻的男性。青海胆战心惊地给顾客理完发，不想，顾客却不满地说："哎呀，我不小心睡着了，你怎么给我剪得这么短呢！"青海又愣住了，刚才的嫌长，这个又嫌短，这可怎么办呢！只听师傅若无其事地说："年轻人，这样的短发才配你啊。你看看你这么帅气的大小伙子，显得多精神啊！"年轻人笑着离开了。

第三个顾客上门之后，青海心中忐忑不安，因而手底下的活儿很慢。他生怕万一再剪不好，又遭埋怨。因而，足足过了一个小时，他才剪完。顾客一边穿外套，一边喋喋不休地说："你肯定是个新手吧，剪个头发这么慢，幸好我没有什么急事，不然还不急死啦！"青海不知所措地站在那里，师傅笑着说："哎呀，发型的好坏可是最重要的，是'首脑'啊。为'首脑'服务，还不得慢工出细活嘛，慢是好事啊！您看看，进门苍头秀士，出门白面书生，您就跟变了个人似的，至少年轻十岁。"师傅的话让顾客喜笑颜开，他赶紧付了钱走了。

在这个事例中，青海第一天为顾客服务，不是留得长了，就是留得短了，要不就是剪得慢了。总而言之，就没有得到顾客赞许和满意的时候。对此，青海原本就心中紧张，现在则更加忐忑不安，根本不知道如何面对和回应。幸好师傅见多识广，因而总是兵来将挡，水来土掩，轻轻松松地就为青海解围了，帮助徒弟从尴尬和难堪中脱身。当然，师傅的打圆场不但是为青海解围，也使得原本不太满意的顾客高兴而归。这个故事告诉我们，打圆场是非常重要的人际交往技巧。俗话说："会说说得人笑，不会说说得人跳。"同样一件事情，不同的人以不同的方式表达出来，就能起到截然不同的效果。细心的人还会发现，师傅在三次打圆场时都说了吉利话。虽然说很多事情并非几句吉利话就能决定的，但是吉利话依然是每个人都愿意也喜欢听的。说得恰到好处的吉利话，就能让原本心中不满的人喜笑颜开，甚至能让原本有隔阂的人尽释前嫌。

打圆场要注意扬长避短。生活中的好与坏、对与错、利与弊都是相生的。任何事情都有两面性，这就要求我们要辩证地看待问题，在打圆场的同时要注意扬长避短。师傅就是针对不同情况因势利导，把对方引向新的视角，对不满意的地方做一番变位思考，引导顾客去体会美好的含义，从而愉快地接受自己的观点。

人是社会的人，每个人都是社会的成员，都需要与其他的社会成员打交道。尤其是对于职场人士而言，他们在生活中需要与他人交往，在工作中更是每时每刻都要与同事、领导、下属等打交道。在原本和谐融洽的气氛中，一旦因为一个敏感或者让人难堪的话题，导致气氛变得冷淡，甚至交谈无法继续进行下去，那么在场的人就会非常尴尬。退一步来说，即便是在熟悉的人之间，甚至是夫妻、父母、子女之间，也常常会因为话不投机而导致冷场。在这些情况下，我们都需要及时找到合适的话题，让交谈回归正轨，让气氛再次变得火热。

从人情的角度来说，打圆场是最不费力气的帮助他人的方法。因而，当遭遇冷场时，不管是否关系到你，只要力所能及，你就应该主动帮助他人打圆场。当你坚持这么做下去时，假以时日，你会发现你的人缘变得好了，不管走到哪里都备受欢迎，这岂不就是对你好心的最大回报吗？

面对他人挑衅，机智应对显淡然

在当选美国总统之前，林肯遭遇了很多坎坷，甚至可以用"命运多舛"来形容他的前半生。幸好，他是一个非常坚强乐观的人，从未放弃希望，因而最终才能柳暗花明又一村，成为带领美国走过很多艰难时刻的总统。不过，因为林肯出身卑微，所以当选总统时，他还曾经遭到有些议员的恶意挑衅呢！在那个年代，那些几乎都出身名门望族的议员们，自以为身份高贵，根本瞧不上鞋匠的儿子，尽管他已经当选总统。没错，林肯的父亲就是一名鞋匠。

当林肯走上讲台站在那里时，一位议员傲慢地站起来，挑衅地对林肯说："林肯先生，虽然你马上要发表演讲，我还是想提醒你，你的父亲是个鞋匠，你是鞋匠的儿子。"这时，在场的人全都哈哈大笑，林肯却不以为然，只见他面色平和地说："是的，感谢你能记住我的父亲，他是多么优秀的鞋匠啊！即使我现在已经当选总统，我也深知我在总统的位置上永远不会做得比我父亲在鞋匠的位置上更好。"在场人全都收起狂妄的笑，陷入沉默。此时，林肯特意对那位傲慢的议员说："如果我没记错，你也曾请我父亲为你做过鞋子。不管什么时候，如果你觉得鞋子不合脚，那么随时都可以来找我矫正鞋子。尽管我不能成为一位像我父亲那么优秀的鞋匠，但是作为鞋匠的儿子，我从小就学会了修鞋。"这番不卑不亢的话，让那位议员万分羞愧。林肯再次以诚恳的目光看着台下的每一个人，说："在座的各位，只要你们穿着我父亲亲手制作的鞋子，你们就随时都可以找我修鞋。我很乐意为你们服务。我会永远记得，我的父亲是一位多么伟大的鞋匠。"说到这里，林肯潸然泪下，在座的人们爆发出雷鸣般的掌声。

对于傲慢的议员的挑衅和对林肯身世的侮辱，林肯丝毫没有表现出恼怒，反而非常淡定，借机会表达了自己对于父亲的思念和崇拜。他还主动提出要帮助在座的所有议员从父亲那里定制的鞋子提供售后服务，以此表达对修鞋行业的认可。他没有看轻自己，更没有看轻父亲。在他不卑不亢的自尊自重中，每一位议员都被他折服，最终给予他热烈的掌声。不得不说，这样的淡然，远远比歇斯底里的愤怒来得更有力。

每个人都渴望得到他人的尊重和认可，但是偏偏有些人存有傲慢和偏见，还有些人总是自以为是、自高自大，瞧不起别人。在这种情况下，与他们争执显然没有必要，反而会扰乱自己的心境，破坏自己的好心情。聪明的人总会采取淡然的态度面对，这样才能表现出自己开阔的胸怀，也展示出高姿态。有些场合，个别心怀恶意的人故意挑衅，并且来势汹汹、盛气凌人，来指责谩骂你。如果你此时也大发雷霆，以牙还牙，则场面往往不堪收拾，还不如以温文尔雅、彬彬有礼的方式笑迎攻击者，巧妙地回敬对手，也许会达到意想不到的效果。

对无理的言行进行语言反击，是正义语言与无理语言的对抗，需要理智做基础，以有理、有礼、有利、有节为原则，做到针锋相对，"原物"顶回，巧妙应答。所以，反击的语言要与对方的语言表现出某种关联，这种"关联"将充分表现出你的智慧与力量。在交往中，能巧妙利用这种关联语言的方法是借题发挥、金蝉脱壳，即表面肯定对方说的话，并顺着对方之意，而实际顺势把对方拉进他自己设置的泥潭里，使他不能自拔。

生活不总是那么让人愉快，在快乐中掺杂着忧伤和烦恼。我们唯有淡然应对，才能从容地走好人生的每一步。

当遇到质疑时,找准时机再解释

作为世界著名的交响乐指挥家,小泽征尔在成名之前,曾经参加过一次世界级的指挥大赛。在比赛的过程中,评委给每一位参赛选手都提供了乐谱,小泽征尔和所有参赛选手一样,按照乐谱指挥乐队演奏。然而,在进行到半途时,小泽征尔突然听到了一个不和谐的音符,他马上中止演奏。起初,他以为是乐队的演奏出现了问题,因而重新开始。然而,当演奏又进行到半途中时,那个不和谐的音符再次出现了。这次,小泽征尔很肯定地说:"乐谱有问题。"对于小泽征尔的质疑,在场的评委成员们全都异口同声地说:"乐谱不可能出问题。"要知道,这次比赛的评委全都是业内的专家和权威人士,虽然满脸通红,但是小泽征尔依然坚定不移地说:"乐谱肯定有问题。"这时,评委们突然全体起立,把最热烈的掌声给了小泽征尔。原来,这次比赛实际上有个精心设计的"圈套",即在乐谱不起眼的细节上设置一个错误,看看参赛的人员谁能准确识别出来。

小泽征尔显然通过了考验,他没有被评委的权威震慑住,而是坚持自己的判断,最终赢得了比赛。

在这个事例中,小泽征尔的成功或许可以解释成幸运,然而这份幸运一定是在他的自信之下才能存在的。小泽征尔很好地把握了时机。对于这样的世界级比赛，他并没有在最初刚刚发现问题时就提出疑问，而是首先中止演奏，继而在重新演奏中求证，最终证实了自己的判断。而面对强大的评委团，他没有被那些德高望重的专家和权威人士震慑住，而是本着实事求是的态度坚持自己的看法。最终，他赢得了所有评委的认可和赞许。如果小泽征尔没有坚定不移地相信自己，相信自己的判断，那么也许他的一生就会默默无闻。同时，评委们在面对小泽征尔的质疑时，也选择了最好的时机解释。在小泽征尔第一次质疑乐谱时，他们先是异口同声地否认，后来在小泽征尔再次确凿无疑地说出自己的判断并且坚持自己的判断时，他们才给予小泽征尔热烈的掌声。这样的跌宕起伏，一定给在场的每个人都留下了难以磨灭的印象。

在工作、生活中，我们每个人都有过被别人误解的经历吧？被别人误解是一件很痛苦的事情，影响我们正常工作和生活，特别是被身边较好的同事、朋友、同学误解时，心里就更不是滋味了。这个时候，我们不能坐以待毙，而是应该找准时机，化解误会。

如果你已经清楚误解产生的原因并及时改正了自己的不当言行，你就要找好时机，和误解自己的当事人解释，争取一次将误解化解。当时机到来时，我们要做的是真诚、认真地跟误解自己的人解释沟通，确保沟通的效果，让对方感受到你是被误解了。

在很多时候，误会是需要及时消除的，这样才不至于导致严重的后果。而且，解释的机会也会转瞬即逝，也许错过就很难再有。但是在更多的情况下，我们无须理会他人的质疑，因为我们根本不可能那么完美，更不可能让所有人满意。最重要的是，我们应该始终牢记人生的方向，坚定不移地向着人生目标努力奋进。唯有如此，我们才能等到最合适的时机，向曾经不理解我们的人们做出解释。当然，也有可能当你证实自己之后，一切的解释都不再需要了。总而言之，我们应该坚定不移地走属于自己的人生之路，这样才能越来越接近我们的梦想。

善用逆向思维，棘手问题巧解决

战国时期著名的军事家孙膑，在刚去魏国时，他的能力受到魏王的怀疑。为了考察孙膑的真本事，有一次魏王当着所有大臣的面，对孙膑说："你说你很有才华，那么你能让我从座位上走下来吗？"大臣们听到魏王故意刁难孙膑的难题，纷纷出主意，庞涓更是毫不掩饰地说："不如在座位下面生起一堆火吧，这样大王一定会赶紧走下来。"魏王佯装恼怒地说："这是个坏主意。"看到魏王满脸得意的样子，孙膑蔫头耷脑地说："我肯定没有办法让大王从座位上走下来，只要你愿意坐在宝座上。不过呢，假如大王现在没坐在宝座上，我倒是很有把握让大王坐上去。"

魏王看到孙膑那志得意满的样子，不假思索地走下座位，说："好吧，我倒要看看，你到底有什么办法能让我再坐上去。"这时候，周围的大臣全都没有反应过来，也等着看孙膑如何让魏王重新坐到座位上呢！然而，等了半天，孙膑只是笑眯眯地站着，丝毫没有下一步举动。直到有个大臣问他："你怎么不想办法让大王坐回座位上呢？"孙膑忍俊不禁地，说："虽然我没有办法让大王坐回座位上，但是大王现在已经走下座位了呀！"这时，在场的人全都恍然大悟，不由得连声夸赞孙膑有智谋。就这样，魏王不再怀疑孙膑的能力了，而是开始重用孙膑。

孙膑创作的《孙膑兵法》是以变通为灵魂思想的，全书中处处体现变通。不得不说，孙膑是非常机智的，他之所以能够成功地让魏王走下座位，就是因为他采取了逆向思维的方式思考问题，甚至骗过了在场的所有人，让他们全都浑然不觉。这是因为大多数人都习惯于正向思维，很少有人能够反向思考问题。如此一来，能够掌握逆向思维方式的人，无疑相当于掌握了有力的武器。

如果你喜欢研究战术，你就会发现很多战场上的著名战役，都是运用出其不意的思维才获得成功的。正如古人所说的，"出其不意，攻其不备"。实际上，不但说话需要出其不意，做人做事也可以逆向思考，以帮助自己更加接近成功。尤其是在现代职场，情势千变万化，如果没有变通的思想和灵活的智谋，则很容易陷入被动。举个最简单的例子，当领导让你连夜加班完成一个策划案，但是你绞尽脑汁还是无法做出新意时，你不如发挥逆向思维，来个别出心裁。再如，当你与同事发生矛盾时，与其回避问题，不如直截了当地把问题摊在桌面上解决，毕竟这是任何问题得以解决前的最后关键一步。这样的开门见山，也许能让你柳暗花明，得到意想不到的好结果呢！总而言之，如果正向的思考方式不起作用，我们不如就尝试换个思维，用逆向思考来解决问题。

对于逆向思维，很多人不了解。其实，逆向思维并非一成不变的本末倒置。有的时候，换一种方式思考问题，也可以成为逆向。所谓的"逆"，并不是绝对地颠倒，而是一种创新思维的新角度、新视角。人不打无准备之仗，就是怕面对意外情况无法及时做出反应。如果我们的思维推陈出新，恰恰让做好万全准备的对手突然间陷入不知所措中，那么我们的胜算也会增大很多。有的时候，逆向思维还表现在以子之矛，攻子之盾。用对方故意刁难我们的话题作为武器，反击对方。总而言之，很多事情都是千变万化的，我们只有在了解对手的基础上，打开思路，让思维变得更加开阔、更加出其不意，才能更加接近于成功。

第十二章 学点儿救场技术,社交场合才能聊得开

面对尴尬沉默,找准话题破僵局

作为一名应届大学毕业生,刘峰并没有像其他同学那样选择一份安稳的工作。他生性开朗乐观,喜欢与人交流,因而他选择了一份最适合自己的工作——销售。即便如此,他还是在刚刚进入销售行业时,遇到了许多的困难和阻碍。

刘峰所在的公司主要生产打印机等一系列产品,因此,刘峰经常出入写字楼,推销打印机。他有的时候接连几天被拒绝无数次,这严重打击了他的自信心,甚至连笑容都消失了,他开始愁眉苦脸地上班。当看到镜子里反射出的自己的影像时,刘峰突然间意识到自己不能继续这样下去。他决定让推销工作变得有趣,不再让自己的每一次拜访都终止在他人的拒绝里。他特意用公司的打印机做了好几份"谢谢,人员已满"的告示牌,分别采取不同的颜色和字体。等到再去拜访那些公司时,他不再开门见山地问对方是否需要购买打印机,而是问:"您好,请问贵公司需要招人吗?"当然,得到的答案通常也是否定的。每当这时,他会继续说:"为了让您能够免于打扰,我觉得您很需要这个。"接下来,他会拿出精心制作的那些"谢谢,人员已满"的告示牌,展示给对方看。每当这时,对方都会忍俊不禁,也因此对刘峰产生了好印象。当交谈变得越来越融洽、和谐时,刘峰的推销也就顺理成章。即使对方真

的因为不需要表示拒绝，他们彼此也像是熟悉已久的朋友一样亲切友善。

在推销的过程中，被他人直截了当地拒绝之后，刘峰一定觉得很尴尬，甚至不知道接下来应该说些什么。如此灰溜溜地日复一日地被拒绝，再强大的内心也会黯然神伤。幸好，刘峰想出了这么一个好办法，推销效果如何虽然有待考证，但是的确让他的拜访工作变得更生动有趣。其实，人与人之间的距离就在于内心。可以想象的是，当刘峰成功打开他人的心扉，他和他的产品也就驻扎在他人的心里。即使他们现在不购买，未来有需要的时候也会第一时间想起刘峰的。

看到刘峰的话题，我们不由得觉得好笑，甚至会忍不住笑起来。的确，"谢谢，人员已满"的告示牌，在被从找"工作"被拒的刘峰手里拿出来时，产生了非常幽默的效果。当然，即使对方说的确需要招人，刘峰也可以展示告示牌，并且告诉对方他所推销的打印机可以轻而易举地打印出和招聘细则有关的任何内容。这样一来，在和谐愉快的交谈氛围中，刘峰的推销工作一定会做得风生水起。

我们在日常生活中与亲近的人，诸如同事、朋友、闺密、亲人聊天时，也经常会因为敏感的话题而陷入沉默。为了打破这难堪的沉默，我们一定要让气氛恢复热烈，要想实现这一点，找准话题是必需的。只有恰到好处的话题，才能帮助人与人之间尽快打开心扉。很多人都为不知道该说些什么为难，其实话题是很好找的。诸如，面对带孩子的女人，孩子就是最好的话题，是母亲永远不会厌倦的话题；面对暮年的老人，医疗和保健就是最好的话题，谁不想延年益寿呢；面对年轻人，你的话题当然不能离开时尚；面对年轻漂亮的姑娘，你的话题当然离不开时装。总而言之，我们应该根据交谈对象的情况选择最能勾起其谈兴的话题。需要注意的是，如果是在人多的场合，则最好不要谈起关于私人的话题，可以说说天气，说说旅游，说说最近热门的话题，这些都能够尽量把在场的人吸引过来，使得交谈气氛热火朝天。

安慰话掩伤疤，带给病人正能量

邻居李大妈生病了，都是街里街坊的，平日里相处也很融洽，张大妈买了一些水果，去医院探视李大妈。李大妈得的是脑出血，由于病情严重，因此虽然抢救回来一条命，但是却落了个半身不遂。看到张大妈来了，李大妈情绪很激动，指着自己不能动的左半身，不停地支支吾吾，却说不清楚。张大妈笑着说："老姐妹，我知道你的意思，不能动了很着急，是不是？"李大妈连连点头。张大妈又说："你呀，这是有福气了。辛苦操劳了一辈子，现在也该享福了，让儿女也伺候伺候你，多好。养儿养女一辈子，不就是等着儿女膝下尽孝的这一天吗。"听了张大妈的话，李大妈明显情绪低落。

这时，李大妈女儿的好闺密娜娜也来探望李大妈。看到娜娜来了，想到自己的女儿以后也许就要背上照顾病人的沉重负担，李大妈伤心地落下泪来。这时，娜娜笑着安慰李大妈："大妈，我知道您心里难受，您一辈子要强，不想给子女添负担。不过，您也要放宽心啊，现在医学技术这么发达，还有什么病是治不好的呢！而且，三分病，七分养，您呀，关键是心态要好，保持愉悦。我跟您说，我大姑去年也得了脑出血，出院的时候还坐着轮椅呢，结果回家之后自己坚持锻炼，现在完全能够自理了。只是走路稍微有点儿跛，不仔细看根本看不出来。所以您呀，为了子女，也要加强锻炼，要乐观有信心，好不好？"娜娜的话显然给李大妈带来了希望，李大妈的脸色马上由阴转晴，居然笑了起来。

同为探视病人，张大妈的话给李大妈带来了绝望，一想到要长久地拖累子女，李大妈简直生不如死。因为张大妈所说的，恰恰是李大妈最为担心的。但是，娜娜的话却给李大妈带来了希望。尤其是她以自己的姑妈康复情况给李大妈鼓劲，也给了李大妈莫大的信心。娜娜理解得没错，李大妈最不愿意的就是拖累女儿，但是如果她能够加强锻炼，恢复基本的自理能力，岂不就是解放了女儿吗！这样想来，李大妈怎么能不全身充满了力量去锻炼呢！

一样的意思，不同的人表达之下，却有完全不同的含义和相差甚远的效果，由此可见，表达拥有多么神奇的力量。人吃五谷杂粮，没有任何人不会生病，可以说，人在活着的过程中一直在与各种疾病做斗争。在探视病人时，我们一定要充满正能量，千万不要总是传递负能量给病人。尤其是在安慰病人的时候，更要谨言慎行，否则一不小心就会给病人加重心理负担。很多人都知道，有些癌症患者能够神奇地痊愈，绝大程度上是借助于精神上的坚强乐观和自信。一个人一旦精神垮了，整个世界都会随之坍塌。

因而，我们安慰病人必须选择好的事例，以此示范病人，要说些有益于养病的话。向病人介绍自己或熟人治愈该病的经验，介绍报刊上登载的与疾病斗争的人的决心与信心。多讲讲病人家庭和睦、工作单位情况良好的事，解除病人的后顾之忧，让病人专心养病、朝着积极的方向努力。千万不要病人越是担心什么，你反而越是调侃什么。在你轻言欢笑时，却不知道病人心中正在忐忑不安。恰到好处的安慰，不但能够从精神上搀扶对方走过难熬的阶段，也能增进彼此间的感情，使彼此的情谊更加深厚。从现在开始，当你开始准备鲜花、水果去探视病人时，不妨也准备好胜似灵丹妙药的吉利话吧，相信一定能够起到良好的效果。

勇敢承认错误，给彼此更多理解

这段时间，乐乐腿摔了，需要休息一年。原本，妈妈计划让乐乐休学，等到开学继续读三年级，这样不至于太吃力。但是看到乐乐人高马大的样子，再留级一年的话，肯定要比从二年级升上来的小朋友高出很多，都不协调了，再加上很多亲戚朋友都建议曾经也是老师的妈妈在家里给乐乐补课，因而最终全家商定一致，在家里上学一年，不休学。做这个决定容易，真正实施起来却很难。原因是妈妈是个急脾气，乐乐呢，也和妈妈的脾气一样，因而娘俩经常为了学习的事情发生冲突，有的时候还会升级为摔东西的恶劣行为。

一天，妈妈给乐乐讲授了一些题目，其中有道题乐乐因为粗心做错了，为此妈妈很生气地批评了乐乐，还惩罚乐乐多做一张练习试卷。乐乐为此很不服气，口中念念有词，不停地叨咕妈妈，妈妈一时冲动，歇斯底里地撕掉了乐乐的试卷，至此，娘俩的冲突进入前所未有的白热化阶段。整个下午，妈妈都不理乐乐。然而，妈妈静下心来想了想，觉得自己不管多么生气都不应该撕掉乐乐辛辛苦苦做好的试卷，因而妈妈在晚上主动向乐乐道歉。当妈妈说出"对不起"时，原本同样气鼓鼓的乐乐突然委屈地哭起来，他一边哭一边说："妈妈，既然你跟我道歉了，我就原谅你了。我也有做得不对的地方，不过以后你能不能不要撕我的试卷了呢？"妈妈保证不再撕乐乐的试卷；乐乐呢，也主动反思，保证以后再也不惹妈妈生气了。

在很多父母心里，孩子是自己的私有财产，不管什么事情，都是孩子的错误，而作为父母是绝对不可能有错的。现实的情况却是，孩子往往没有错，他们只是遵循本性在发展，父母却常常犯错，甚至伤害孩子幼小的心灵。然而，几千年来的封建思想的影响，导致父母有着愚昧的权威观念，即使认识到自己错了，也很少主动向孩子道歉。长此以往，必然会导致孩子个性压抑，甚至失去自信。其实，谁说父母就不会犯错呢？只要是人，每个人都会犯错，父母对于孩子也不会是永远的权威。蒙特梭利曾说："儿童是成人的父。"这句话特别有道理。当我们渐渐远离天性，是儿童在我们与天性之间架起桥梁。父母意识到这个道理，在犯错之后能够主动向孩子承认错误，相信孩子一定会有不同的表现。

人非圣贤，孰能无过。在生活和工作中，每个人都有可能犯错。每当不小心犯错之后，最重要的是辩解吗？当你急于辩解时，你会发现效果很差，甚至事与愿违，导致对方对你意见更大。一旦犯错，不管是什么原因，首先应该做的都是真诚地道歉，勇敢地承担责任。只有这样的态度和姿态，才有助于你赢得他人的谅解，也才能给彼此一个台阶，不再因为那个有心或者无心的过失而尴尬。

不但父母子女之间如此，亲戚朋友之间如此，同学同事之间如此，包括陌生人之间如果不小心发生摩擦，则同样应该遵循这个定律。那个主动低头退让的人，一定不是怯懦的人，而是真正勇敢的强者。要知道，当那三个重如千金的字——"对不起"说出口时，你与他人之间就拥有了友好的桥梁，你们的沟通再也不会无缘无故地中断。就让我们变得更加勇敢一些吧！说出"对不起"，你才算真正地战胜了自己，也获得了征服他人的可能性。